Kricheldorf | Homo Empathicus

Theater der Gegenwart

Rebekka Kricheldorf

Homo Empathicus

Nachwort von Sascha Feuchert

Reclam

RECLAMS UNIVERSAL-BIBLIOTHEK Nr. 14261
2022 Philipp Reclam jun. Verlag GmbH,
Siemensstraße 32, 71254 Ditzingen
info@reclam.de

Gestaltung: Cornelia Feyll, Friedrich Forssman
Druck und Bindung: Elanders Waiblingen GmbH, Anton-Schmidt-Straße 15, 71332 Waiblingen
Printed in Germany 2026
RECLAM, UNIVERSAL-BIBLIOTHEK und RECLAMS UNIVERSAL-BIBLIOTHEK sind eingetragene Marken der Philipp Reclam jun. GmbH & Co. KG, Stuttgart
ISBN 978-3-15-014261-5
reclam.de

Das Werk entstand im Auftrag des Deutschen Theaters Göttingen.

Personen

DOKTOR OSHO, Wegsprechendes
TONY, Hygienespezialisiertes
WACHSTUMSEXPERTE SAM, stumm
SCHWESTERBRUDER CHARITY
CHARLIE, Ernährendes
NIKKI, Musizierendes
FABIEN, Schauspielendes I
CONNY, Schauspielendes II / Adam (m)
MAXIME, Schauspielendes III / Eva (w)
ALEX, Mensch von Sascha (m)
SASCHA, Mensch von Alex (m)
JACKIE, Studierendes
ULLI, Studierendes
CHRIS, Studierendes
MOMO, Studierendes (m)
PROFESSOR MÖHRINGER, Dozierendes
KIM mit Baby
LU, Geschäftsmensch I
LESLIE, Geschäftsmensch II
CLAUDE, Geschäftsmensch III
MEISTER MOO, Supervisor
LUCA, Kind von Kay, Kürzerlebendes (m)
KAY, Elter von Luca und Heilendes
PAT, Lucas Mensch, Kürzerlebendes (w)

CAMILLE, Lyrisches und Längerlebendes (w)
RAJA, Sportives

Bei allen Figuren ohne Geschlechtszuweisungen (m/w) ist das Geschlecht egal.

Ort

Ein Park

»Hell is your private creation.«
Bhagwan

Es ist in der in diesem Stück beschriebenen Welt normal, eine zärtliche, nicht sexuell gemeinte Körperlichkeit zu zelebrieren. Die Personen berühren, streicheln und fassen sich im Gespräch viel häufiger an, als wir es gewohnt sind. Die Entscheidung, wann wo wer wen wie berührt, ist Schauspiel und Regie überlassen.

Alle Personen tragen eine Einheitskleidung, Uni genannt, die aussehen mag wie die Mischung aus einem Pyjama und einer Dschellaba. Die Frisuren sind zwar nicht komplett genormt, aber doch recht einheitlich.

Im Park. Locker im Park verteilt: Bauchige Wasserspender mit Becherhalter. Vogelgezwitscher. Jackie, Chris, Ulli und Momo, die Studierenden, bilden eine Gesprächsgruppe am Wasserspender. Im Hintergrund spielen Luca und Kay Federball. Sascha meditiert oder macht Übungen. Kim sitzt mit einem Baby auf dem Schoß auf einer Bank und summt leise vor sich hin. Ein Klohäuschen mit Herz, vor dem das Hygienespezialisierte Tony sitzt und auf Kundschaft wartet. Schwesterbruder Charity sitzt auf einer Bank und liest. Das Musizierende Nikki packt seine Gitarre aus, klimpert ab und zu auf ihr herum, die Vorbeigehenden werfen ihm Blumen und Nahrung zu, bringen ihm Wasser. Doktor Osho in seiner Freiluftpraxis. Charlie hinter seinem Stand. Sam kehrt mit einem Rechen heruntergefallene Blätter zusammen, repariert kaputte Parkbänke, füllt die Wasserspender wieder auf. In einem Baum hängt ein großer Gong.

1

Jackie, Ulli, Momo, Chris.

CHRIS. Wie fandet ihr Professor Möhringers Vorlesung heute?

JACKIE. Ich fand sie großartig.

MOMO. Ich auch.

ULLI. Ich auch.

JACKIE. Wie geschickt es Bildsprache und Symbolebene verknüpfte.

CHRIS. Ja, genau.

ULLI. Genau.

MOMO. Genau.

CHRIS. Besonders gelungen fand ich seinen Exkurs über die Spiegelneuronen bei Schimpansen.

ULLI. Ja. Hochinteressant, wie es die wechselseitige Fellpflege als Instrument der Erkundung der inneren Befindlichkeit des Gegenübers darzulegen vermochte.

JACKIE. Ja, fand ich auch.

MOMO. Es ist ein Privileg, den Ausführungen eines solchen Ausnahme-Talents lauschen zu dürfen.

ULLI. So ein kluges Mensch. Ich freu mich schon darauf, sein neues Buch zu lesen.

JACKIE. Wie hieß sein letztes noch mal?

CHRIS. Meinst du »Reflexionen eines Philanthropen an der Schwelle der Gezeitenwende«?

JACKIE. Genau. Das war toll. So tief.

MOMO. Kannst du es mir leihen?

CHRIS. Natürlich. Aber gib mir bitte noch etwas Zeit. Ich hab dadrin mit Bleistift rumgekritzelt, Anstreichungen gemacht, die ich gern vorher ausradieren möchte.

MOMO. Warum?

CHRIS. Ich finde es bevormundend, ein Buch mit Anstreichungen zu verleihen. Das ist, als würde ich deine individuelle Abenteuerreise durch den Ideendschungel durch einen Pauschalurlaub ersetzen. Statt neue Wege sollst du meine ausgetretenen Pfade laufen? Damit nehme ich dich als selbständig Denkendes doch nicht ernst.

MOMO. Du hast eine interessante Art, die Dinge zu betrachten, Chris. Ich bekomme gern Bücher mit Anstreichungen geliehen. Das baut eine so schöne intellektuelle Brücke von Lesendem zu Lesendem auf. Das erzeugt ein so warmes Gefühl des Aufgehobenseins in einem gemeinsamen Denk-Raum. Das Bewusstsein, den Raum nicht als Erstes zu betreten, sondern dort Spuren derer zu entdecken, die ihn schon vor mir betraten, gibt mir sehr, sehr viel, Chris.

CHRIS. Ich teile deine Meinung nicht, aber ich respektiere sie. Und leihe dir das Buch mitsamt den Anstreichungen. Wenn du daran Vergnügen hast, muss ich eben über meinen Schatten springen.

MOMO. Danke, dass du Verständnis für meinen Standpunkt entwickeln konntest.

CHRIS. Bitte. Noch ein Wasser?

MOMO. Gern.

(Chris füllt zwei Becher mit Wasser und drückt einen davon Momo in die Hand.)

JACKIE. Wisst ihr, was heute Abend spricht?

ULLI. Ich glaube, es ist Professor Rühl.

MOMO. Entschuldige, dass ich dich korrigiere, aber ich bin mir ziemlich sicher, dass es Professor Gerber ist.

ULLI. Wirklich? Dann tut es mir leid, mit dieser Fehlinformation Verwirrung gestiftet zu haben.

MOMO. Das macht doch nichts.

JACKIE. Das passiert jedem mal.

MOMO. Gestern ist mir das auch passiert.

JACKIE. Mir auch.

CHRIS. Mir auch. Da behauptete ich, es gäbe Quinoa-Quiche in der Mensa. Obwohl Mensch ja weiß, dass Donnerstag Salbeitofu-Tag ist.

JACKIE. Wir machen alle mal Fehler.

MOMO. Das ist nur menschlich.

JACKIE. Wollen wir Kapitel fünf noch mal durchgehen?

MOMO. Ja!

CHRIS. Gern.

ULLI. Unbedingt.

(Sie setzen sich und lesen, indem sie sich gemeinsam leise auf wichtige Sätze aufmerksam machen. Etwas abseits hält Sascha in seiner Meditation inne und beobachtet die Gruppe.)

2

Luca und Kay haben ihr Spiel beendet und gehen zum Wasserspender.

LUCA. Ich befinde mich in einer sehr schwierigen Lage.

KAY. Das verstehe ich, Luca.

LUCA. Einerseits drängt es mich nach draußen, in die Welt. Ich will meiner Erlebnis-Neugier folgen. Durch die Kontinente trampen, mich treiben lassen, leben. Andererseits lockt mich auch ein enormer Wissensdurst in die Bildungsinstitute. Da ich mich mit zwanzig auf der Höhe meiner kognitiven Leistungskraft befinde, möchte ich diese so gut nutzen wie nur möglich.

KAY. Mir gefällt, wie du denkst. Aber deine Lage ist gar nicht so schwierig, wie du glaubst. Ich würde dir raten, zuerst eine kleinere Reise zu unternehmen und dich danach für dein Lieblingsfach einzuschreiben. Wenn du dein Studium beendet hast, bist du immer noch kürzerlebend genug, um mit deinem Rucksack ein, zwei Jahre durch die Welt zu streifen.

LUCA. Vielen Dank, dass du mir mit deiner Lebensklugheit und Erfahrung zur Seite stehst und hilfst, mich für das Richtige zu entscheiden.

KAY. Aber das ist doch meine Aufgabe als Elter, Luca.

LUCA. Kay. Keiner kennt mich so gut wie du. Würdest du mir eher zu ethischer Stadtentwicklung oder zu Psychologie des Gemeinwesens raten?

KAY. Das ist nicht so einfach. Ich kenne und schätze deine Zeichenkünste, deine Genauigkeit und dein großartiges räumliches Vorstellungsvermögen. Aber auch deine Sensibilität im Umgang mit Menschen, deine Fähigkeit, gut zuzuhören und dein Gespür für Befindlichkeiten anderer ist offensichtlich. Wir müssten eine Aufgabe für dich finden, die all deine Talente gleichermaßen fördert und fordert.

LUCA. Aber was, was könnte das sein? Ich sitze hier rum und lasse mein Potenzial verpuffen. Dabei könnte ich schon längst was gelernt haben und der Gesellschaft von Nutzen sein. Das ist so verantwortungslos.

KAY. Sei nicht so ungeduldig. Du hast noch so viel Zeit. Inzwischen lass das Leben auf dich wirken. Ich als Elter möchte, dass mein Kind all die emotionalen, sexuellen und intellektuellen Abenteuer erlebt, die aus ihm einen vielschichtigen, interessanten Charakter formen. Ich spreche da auch im Namen von Elter zwei, das dich übrigens ganz lieb grüßen lässt.

LUCA. Vielen Dank! Bitte richte ihm aus, dass ich es sehr, sehr liebe.

KAY. Es liebt dich auch sehr, Luca. Und ich, ich liebe dich auch.

LUCA. Ich liebe dich auch sehr, Kay.

LUCA. Weißt du, was ich glaube?

KAY. Was denn, mein Kind?

LUCA. Ich glaube, ich habe die besten Eltern der Welt.

(Fabien kommt und drückt ihnen Handzettel in die Hand.)

KAY. Sieh nur, ein Schauspielendes!

FABIEN. Mögt ihr Kunst?

LUCA/KAY. Ja!

FABIEN. Dann kommt heute um achtzehn Uhr hier auf die Wiese. Wir führen ein Stück auf.

LUCA/KAY. Wie schön! Wir kommen!
(Fabien geht weiter.)

(Die beiden sitzen noch ein bisschen zusammen, irgendwann verabschiedet sich Kay. Luca bleibt alleine zurück und genießt sie Sonne. Irgendwann kommt Pat mit einem Picknickkorb. Es begrüßt es zärtlich und hilft ihm, die Picknickdecke auszubreiten und den Korb auszupacken. Sie setzen sich, essen und knutschen.)

(Raja flitzt einmal quer durch den Park. Es springt, schlägt Rad, macht Flicflac, jubelt und verschwindet wieder.)

3

Momo, das ab und zu von der gemeinsamen Lektüre hochsieht, entdeckt Sascha, das es beobachtet.

MOMO. Ich glaube, das Mensch da beobachtet uns.

JACKIE. Ich glaube, es beobachtet DICH.

(Sascha steht auf und geht auf die Gruppe zu.)

SASCHA. Verzeihung, dass ich euch beim Lernen störe.

MOMO/JACKIE/CHRIS/ULLI. Das macht doch nichts!

SASCHA *(zu Momo)*. Es ist nur so. Ich beobachte dich jetzt seit einigen Stunden.

MOMO. Oh. *(Streckt ihm die Hand hin.)* Ich heiße Momo.

SASCHA. Und ich heiße Sascha.

MOMO. Freut mich, Sascha.

SASCHA. Die Freude ist ganz auf meiner Seite, Momo. Du bist ein sehr begehrenswertes Mensch. Das wollte ich dir nur gesagt haben.

MOMO. Vielen Dank. Wollen wir einen kleinen Spaziergang machen?

SASCHA. Sehr gern.

(Momo steht auf, die beiden entfernen sich flanierend von der Gruppe.)

MOMO. Wenn du wüsstest, wie geschmeichelt ich mich von deinem Begehren fühle.

SASCHA. Bitte. Gern geschehen.

MOMO. Es tut mir so leid, es nicht erwidern zu können. In meiner momentanen Lebensphase interessiere ich mich erotisch nicht für mein eigenes Geschlecht. Falls sich das je ändern sollte, wirst du das Erste sein, das es erfährt.

SASCHA. Das ist nett von dir, danke.

MOMO. Bitte. *(Pause.)* Nochmals: Entschuldigung. Es ist eine so undankbare Rolle, in die Mensch durch ein Begehren gedrängt wird, das zu erwidern es nicht in der glücklichen Lage ist.

SASCHA. Ich nehm das nicht persönlich.

MOMO. Als würde ich dir aus reiner Bosheit das, was du von mir willst, verweigern.

SASCHA. Nähme ich dir die Abweisung übel, dann ausschließlich aus narzisstischer Kränkung heraus. Und solch niedere Regungen erlaube ich mir nun wirklich nicht.

MOMO. Wie stehe ich jetzt da? Als mieses Spielverderber und gefühlskaltes Person.

SASCHA. Hey! Es ist nicht schlimm. Bitte gib die Schuld nicht dir. Du kannst nichts dafür.

MOMO. Zur allgemeinen Wiederherstellung der Gerechtigkeitsempfindens möchte ich dir mitteilen, dass auch ich Sehnsüchte habe, die sich nicht erfüllen lassen.

SASCHA. Bitte fühl dich nicht zu einem intimen Geständnis gezwungen, bloß damit es mir besser geht. Aber wenn du wirklich darüber reden möchtest, freue ich mich, das Auserwählte zu sein, mit dem du dein Geheimnis teilst.

MOMO. Siehst du das Mensch da drüben? Da, auf der Bank?

SASCHA. Das in dem weißen Uni?

MOMO. Genau.

SASCHA. Was ist das?

MOMO. Schwesterbruder Charity. Es arbeitet im nahe gelegenen Krankenhaus. Ich fühle mich ein wenig zu ihm hingezogen.

SASCHA *(betrachtet Charity von fern).* Dafür habe ich großes Verständnis, auch wenn es mir meine Triebstruktur nicht erlaubt, diese Anziehung voll und ganz nachzuvollziehen.

MOMO. Die Klischeehaftigkeit meiner Zuneigung ist mir vor mir selbst peinlich.

SASCHA. Daran ist doch nichts peinlich, Momo.

MOMO. Aber wir lernten uns in einer so offensichtlichen Situation kennen. Ich lag als Pflegebedürftiges im Bett, und seine Aufgabe war es, mich liebevoll zu umsorgen. Aus so einer Lage heraus eine Anziehung zu entwickeln ist so wahnsinnig unreif. Aber seine Wärme, seine fein geschwungenen Wimpern, seine bodenständige Intelligenz, seine sanften Hände, seine offene Art und sein großes Herz schienen mir so liebenswürdig, dass ich auf der Stelle den Wunsch entwickelte, mehr Zeit in seiner beglückenden Anwesenheit verbringen zu dürfen.

SASCHA. Vielleicht solltest du ihm das sagen?

MOMO. Nein. Ich möchte nicht, dass es denkt, ich wär so ein Perverses, das seinen Berufsstand fetischisiert. Das wäre respektlos.

SASCHA. Du hast recht. Ich hoffe, du kannst mir meinen schlecht durchdachten Vorschlag noch mal verzeihen.

MOMO. Aber natürlich, Sascha.

SASCHA. Danke, Momo. Da kommt mein Mensch.

(Alex kommt.)

MOMO. Hallo, Alex. Ich bin Momo.

ALEX. Hallo, Momo.

SASCHA. Soeben sagte ich Momo, wie begehrenswert ich es finde.

ALEX. Dein Mut und deine Offenheit machen mich immer wieder vor Bewunderung sprachlos und lösen Wellen der Zärtlichkeit in mir aus. In jedem Augenblick entdecke ich aufs Neue die Gründe, warum ich dich liebe.

SASCHA. Alex, das ist das schönste Kompliment, das mir jemals gemacht wurde. Ich danke dem Universum jeden Abend für jeden Tag, den ich an deiner Seite verbringen durfte.

MOMO. Ich fühle mich so reich beschenkt, beobachten zu dürfen, welch wunderbare Partnerschaft ihr beide lebt. Euch hier begegnet zu sein ist für mich ein unendliches Glück und eine große Bereicherung. Darf ich euch ein Wasser bringen?

SASCHA. Gern.

ALEX. Gern.

(Momo ab zum Wasserspender.)

ALEX. Ein angenehmes Mensch.

SASCHA. Und so freundlich.

4

Claude geht zu Charlies Stand.

CLAUDE. Einmal den wundervollen Sommertag mit extra viel Soße, bitte.

CHARLIE. Verzeih mir, dass ich dich so dreist darauf hinweise, aber da du diese Woche schon sehr viele Fette und Öle zu dir genommen hast und praktisch keinerlei Eisen, würde ich dir eher den goldenen Herbstabend ohne Soße empfehlen, Claude.

CLAUDE. Vielen Dank, Charlie, dass du dich so gut um meine Gesundheit kümmerst. Einmal den goldenen Herbstabend, bitte.

CHARLIE. Kommt sofort, Claude. *(Drückt ihm das Essen in die Hand.)*

CLAUDE. Danke, Charlie.

CHARLIE. Bitte, Claude. Ich wünsche prächtigen Appetit und reibungslose Verdauung.

CLAUDE. Danke, Charlie.

CHARLIE. Bitte, Claude.

(Claude ab.)

5

Die Studierenden.

CHRIS. Ist euch aufgefallen, dass es immer Momo ist, das die Aufmerksamkeit seiner Mitmenschen auf sich zieht?

ULLI. Es ist ja auch ein so schönes Mensch.

JACKIE. Und so warmherzig.

CHRIS. Ja, das ist es.

(Pause.)

JACKIE. Wir machen uns etwas Sorgen um dich, Chris.

CHRIS. Warum? Mir geht es gut.

JACKIE. Du scheinst eine kleine Uneinigkeit mit dir selbst in deinem Inneren zu kultivieren.

CHRIS. Mir geht es gut.

(Pause.)

ULLI. Chris. Wir spüren das.

JACKIE. Und wir wollen, dass du glücklich bist.

CHRIS. Ich bin glücklich.

JACKIE. Ich spüre da aber eine Uneinigkeit, Chris.

ULLI. Und ich spüre sie auch.

(Pause.

Raja flitzt einmal quer durch den Park. Es springt, schlägt Rad, macht Flicflac, jubelt und verschwindet wieder.)

JACKIE. Chris. Bitte denke noch mal über unsere Worte nach.

(Pause.)

CHRIS. Wenn ihr als meine besten Freunde eine Uneinigkeit in mir spürt, so wird daran ja etwas Wahres sein. Ich gehe sofort zu Doktor Osho und lasse mir die Uneinigkeit wegsprechen.

ULLI. Das ist eine großartige Idee, Chris.

JACKIE. Du bist so umsichtig.

ULLI. Du achtest so gut auf dich, Chris. Das bewundern wir sehr an dir.

JACKIE. Wie bewusst du durch die Welt gehst.

CHRIS. Danke.

ULLI. Doktor Osho ist wunderbar.

JACKIE. Es ist das beste Wegsprechende, das ich kenne.

(Chris steht auf und geht zu Osho.)

6

Lu und Leslie.

LU. Oh! Oh!
LESLIE. Was ist? Was hast du?
LU. Ich glaube, ich bin auf eine Ameise getreten!
LESLIE. Das ist nicht so schlimm. Du kannst nichts dafür. Für die Ameise war eben der Moment gekommen.

7

Alex geht zu Charlies Stand.

ALEX. Einmal den entspannten Tag am Meer, bitte.

CHARLIE. Verzeih mir, dass ich dich so dreist darauf hinweise, aber du isst in letzter Zeit sehr viel Kohlenhydrate und recht wenig grüne Gemüse. Deshalb würde ich dir eher zum geselligen Gnomenmahl raten.

ALEX. Oh, das stimmt, Charlie. Die grünen Gemüse sind bei mir tatsächlich in letzter Zeit etwas zu kurz gekommen. Einmal das gesellige Gnomenmahl, bitte.

CHARLIE. Kommt sofort, Alex. *(Drückt ihm das Essen in die Hand.)* Ich wünsche prächtigen Appetit und reibungslose Verdauung.

ALEX. Danke, Charlie.

CHARLIE. Bitte, Alex.

(Alex geht.)

8

Tony vor dem Klohäuschen. Kay kommt heraus.

KAY. Was für ein gut organisiertes Hygienezentrum. Danke. *(Nimmt Tonys Hand und schüttelt sie.)*

TONY. Danke. Ich bin Tony.

KAY. Ich bin Kay. Freut mich.

TONY. Es freut mich auch sehr, Kay.

KAY. Ich verrate dir mal was. Ich arbeite im Krankenhaus am Ende des Parks. Und ich komme jeden Tag zur Darmentleerung extra hierher.

TONY. Danke.

KAY. Weil es mir so gut gefällt. So charmant eingerichtet. Die Seifenauswahl.

TONY. Danke.

KAY. Das weiche, leicht angewärmte Papier. Die anschmiegsame Brille.

TONY. Ja, jetzt erkenne ich dich. Du warst schon mehrfach hier. Sag mal, kann es sein, dass die Exkrement-Analyse-Maschine von eurer Forschungsabteilung entwickelt wurde?

KAY. Ja, genau! Das stimmt.

TONY. Eine großartige Erfindung. Danke. *(Schüttelt Kays Hand.)*

KAY. Danke. Ja, sie erspart so manchen Gang zum Heilenden. Aber noch nicht jedes Hygienezentrum setzt sie ein. Du bist deiner Zeit voraus.

TONY. Ich bin immer daran interessiert, mein kleines Reich zu verbessern. Denn …

TONY/KAY. … nichts ist so gut, dass es nicht noch besser werden könnte.

KAY. Das Beseitigen der Exkremente ist eine ebenso wichtige Aufgabe wie das Beseitigen von Tumoren.

TONY. Warte. *(Holt eine Blume.)* Bitte übergib diese Blume dem Leitenden eurer Forschungsabteilung, mit liebem Gruß vom Hygienespezialisierten Tony, das seine Kundschaft jeden Tag mit seiner großartigen Erfindung erfreuen darf und so sicher bereits eine Menge Krankheits-Früherkennungen durchführen und Leben verlängern konnte.

KAY. Es wird dir so dankbar sein!

TONY. Ich bin sehr glücklich, dass ich meine besondere Begabung bereichernd in das gesellschaftliche Gesamtgefüge einbringen darf.

(Pause.)

KAY. Und? Wie hast du zu deiner Berufung gefunden?

TONY. Ich war schon als Kind recht geschickt im Reinigen von Geräten aller Art. Mein Elter beobachtete mich lachend und sagte zu mir: Tony, mein Kind, aus dir wird eines Tages mal ein hervorragendes Hygienespezialisiertes.

KAY. Es ist schön, wenn man schon so früh seine Bestimmung finden durfte und das Talent in eine ganz bestimmte Richtung weist. Ich hatte es da ein bisschen, ich will nicht sagen, schwerer, aber … Ich war länger unschlüssig.

TONY. Das tut mir so leid, Kay. Du gingst durch eine sicherlich nicht ganz einfache Phase der Selbstfindung …

KAY. … die mich aber umso charakterstärker in die Welt entlassen konnte. Und du hattest das große Glück, dir von Anfang an ganz sicher zu sein. Das freut mich so für dich.

TONY. Ich wollte immer reinigen. Reinigen und was mit Menschen machen.

KAY. Ja, das Soziale stand bei meinen Neigungen auch stets im Vordergrund. Aber ich wusste lange nicht, ob ich ein Heilendes oder ein Erdbettendes werden wollte.

TONY. Das verstehe ich gut. Beide Berufungen haben etwas tief Erfüllendes und ihre ganz besondere Wichtigkeit für das Gemeinwesen.

KAY. Mein Elter Eins ist Erdbettendes. Ich habe ihm als Kind gerne zugesehen, wie es diejenigen, deren Moment gekommen war, darauf vorbereitete, anderen, kleineren Lebewesen als Nahrungsgrundlage zu dienen. Sie sahen so schön und friedlich aus, und die beglückenden Ereignisse eines gelebten Lebens, die sich in ihren nun zur Ruhe gekommenen Gesichtszügen eingegraben hatten, machten mir Lust auf mein eigenes Leben, das noch in voller Pracht und Länge vor mir lag.

TONY. Oh, ist das wahr? Mein Kind interessiert sich ja so sehr für diese Berufung. Immer muss ich mit ihm zu anderer Menschen Erdbettungen gehen, weil es den Vorgang so faszinierend findet. Könnte ich es vielleicht bei Gelegenheit bei deinem Elter vorbeischicken, damit es sich ein Bild machen und etwas lernen kann?

KAY. Aber selbstverständlich, Tony.

TONY. Wundervoll, Kay. Ich danke dir.

KAY. Und ich danke dir für das schöne Gespräch. Bis bald. *(Kay geht. Fabien kommt und drückt Tony einen Handzettel in die Hand.)*

TONY. Ein Theaterstück?

FABIEN. Heute um achtzehn Uhr.

TONY. Großartig. Ich freue mich darauf. *(Fabien geht weiter.)*

9

Kim auf der Bank. Sam kommt und sagt etwas in Gebärdensprache.

KIM. Verzeihung. *(Steht auf. Sam holt sein Werkzeug heraus und schlägt einen abstehenden Nagel in die Bank. Sagt etwas in Gebärdensprache.)*

KIM. Vielen Dank.

(Sam sagt etwas in Gebärdensprache und geht.)

KIM *(zum Baby).* Es war einmal ein Mensch, das wohnte mit seinem Elter, dem neuen Mensch von seinem Elter und dessen zwei sympathischen Kindern in einem schönen Haus. Jeden Tag machten die drei gemeinsam die Hausarbeit und hatten dabei viel Spaß. In der Nachbarschaft lebte ein anderes Mensch in ungefähr ihrem Alter, das sehr begehrenswert und freundlich war. Eines Tages feierte es seinen achtzehnten Geburtstag, und alle drei waren eingeladen. Da zogen sie sich gegenseitig schöne bunte Unis an, gingen auf die Party und hatten einen phantastischen Abend. Das Nachbarsmensch und unser Mensch erkannten einander als Lebensmenschen, hatten ekstatischen, erfüllenden Sex und erklärten sich gegenseitig ihre Liebe. Und die beiden Geschwister freuten sich mit ihnen über ihr Glück. Sie sagten: »Schön, dass nun ein so freundliches, begehrenswertes Mensch zu unserer Familie gehört. Eines Tages werden auch wir uns verlieben und unsere Menschen finden und so glücklich sein wie du.« Und wenn sie nicht bereits anderen, kleineren Lebewesen als Nahrungsgrundlage dienen, so leben sie noch heute.

(Raja flitzt einmal quer durch den Park. Es springt, schlägt Rad, macht Flicflac, jubelt und verschwindet wieder.)

10

Pat steht auf und schlägt auf den Gong. Alle stehen auf, formen einen Kreis und zelebrieren die Performance. Dabei summen sie erst Vokale in unterschiedlichen Tonhöhen und machen langsame Tanzbewegungen, die an Eurythmie erinnern können. Dann fassen sie sich an den Händen und laufen langsam im Kreis. Dabei lachen sie. Erst leise, dann lauter und heftiger, bis sie von einem ekstatischen, kollektiven Lachkrampf geschüttelt werden. Abrupt verstummen sie, lassen ihre Hände los und setzen sich wieder auf ihre Plätze.

11

Osho und Chris in Oshos Freiluft-Praxis.

OSHO. Bitte setz dich.

CHRIS. Danke.

OSHO. Was bist du?

CHRIS. Mein Name ist Chris.

OSHO. Chris. Wie kann ich dir helfen?

CHRIS. Oh, es ist nichts Großes. Nicht so wichtig.

OSHO. Was ist groß, was nicht? Was ist wichtig, was nicht? Das werden wir jetzt gemeinsam herausfinden, Chris.

CHRIS. Ich fühle mich in letzter Zeit nur etwas uninteressant.

OSHO. Uninteressant? Aber Chris. Du wirkst auf mich wie ein äußerst interessantes, kürzerlebendes Mensch.

CHRIS. Vielleicht ist uninteressant das falsche Wort.

OSHO. Dann suchen wir gemeinsam das richtige Wort, Chris. Wir haben Zeit.

CHRIS. Ich meine das vielleicht eher so physisch.

OSHO. Das verstehe ich nicht, Chris. Bitte erkläre es mir.

CHRIS. Also, im Vergleich zu anderen Menschen, meinem Freund Momo zum Beispiel. Das ist ein so schönes Mensch, und ich bin …

OSHO. Und du, Chris? Was bist du?

CHRIS. Doktor Osho. Schau mich an.

OSHO. Ich schaue dich an, Chris.

CHRIS. Doktor Osho. Ich bin uninteressant. Physisch uninteressant.

OSHO. Was meinst du damit, Chris?

CHRIS. Das Gegenteil von schön.

OSHO. Was soll das sein, das Gegenteil von schön? Verrate es mir, Chris.

CHRIS *(flüstert)*. Hässlich.

OSHO. Chris. Dieses Wort halten wir für nicht angemessen.

CHRIS. Ich weiß. Es tut mir leid.

OSHO. Es gibt einen einfachen Grund, warum wir dieses Wort für nicht angemessen halten, Chris. Weil es etwas bezeichnet, das nicht existiert. Und das Nichtexistente als ein Reales zu benennen erzeugt eine Wahrnehmungsverzerrung, die letzten Endes in einem schiefen Welt- und Selbstbild mündet.

CHRIS. Aber ich fühle mich ... so.

OSHO. Weil du an einer Attraktivitäts-Differenz-Chimäre leidest.

CHRIS. Ist das was Schlimmes?

OSHO. Schlimm, Chris, was ist schlimm? Schlimm, Chris, ist gar nichts, Chris. Jeder Mensch ist begehrenswert. Schau dich um. Sind deine Mitmenschen nicht ein prächtig leuchtender Blumengarten? Gab die Natur nicht jedem von ihnen einen speziellen Glanz mit? Feiert die Vielfalt der Physiognomien nicht ein herrliches Fest der Sinne? Nein, wir sind nicht gleich. Aber in der Fülle unserer individuellen Schönheiten sind wir alle gleich schön. *(Deutet auf die Menschen im Park.)* Hier. Ein Kürzerlebendes mit samt-schimmernder Haut. Da. Ein Längerlebendes mit den kräftigen Gliedmaßen eines Weitgereisten und einem Gesicht, das Erfahrung veredelt. Dort. Ein föhrenhaft biegsam Schlankes. Und hier. Ein erregend-weiches Rundes. Es gibt im Spektrum des menschlichen Körpers nichts als Schönheit, denn etwas anderes hervorzubringen wäre die Natur gar nicht in der

Lage. *(Osho geht zu Chris und umarmt und streichelt es.)* Was spüre ich, Chris? Ich spüre einen schönen Menschen. Chris. Du bist schön. Und auch dein Mitmensch ist schön. Was bist du, Chris?

CHRIS. Schön.

OSHO. Und was ist dein Mitmensch?

CHRIS. Schön.

OSHO. Hättest du die Güte, mir einen Gefallen zu tun?

CHRIS. Natürlich, Doktor Osho.

OSHO. Ich möchte dich bitten, offenen Auges und freien Herzens durch die Welt zu gehen. Könntest du das für mich tun, Chris?

CHRIS. Natürlich, Doktor Osho. Aber ... was bedeutet das?

OSHO. Chris. Sieh das speziell Schöne in jedem Gegenüber und benenne es. Und du wirst sehen, dass dein Gegenüber auch in dir das speziell Schöne sieht und es benennt.

CHRIS. Das mache ich. Danke, Doktor Osho. Du hast mir sehr geholfen.

OSHO. Ich habe dir zu danken, dass du es mir ermöglicht hast, dir helfen zu dürfen, Chris.

(Chris geht.)

12

Schwesterbruder Charity lesend auf der Bank. Chris kommt vorbei. Bleibt stehen, starrt Charity lange an.

CHRIS. Du bist ein Mensch mit einem außergewöhnlich schönen Körper.

CHARITY. Danke. Und du hast sehr schöne Augen.

CHRIS. Danke. *(Geht weiter.)*

(Professor Möhringer kommt und setzt sich auf die Bank. Korrigiert Schriften. Charity fällt das Buch herunter.)

CHARITY. Scheiße!

MÖHRINGER. Verzeihung, dass ich dich so dreist anspreche, aber dieser Ausdruck ist nicht angemessen.

CHARITY. Tut mir leid.

MÖHRINGER. Was kann die Scheiße dafür, dass dir das Buch aus der Hand fiel?

CHARITY. Du hast ja recht. Ich weiß auch nicht, was gerade aus mir sprach.

MÖHRINGER. Schau, das Hygienespezialisierte da drüben. Was soll es davon halten, dass du das, womit es sich tagtäglich beschäftigt, als Synonym für ein Unglück benutzt?

CHARITY. Es tut mir leid. Ich hätte mich in das Hygienespezialisierte hineinversetzen sollen, bevor ich eine so unkluge Wortwahl traf.

MÖHRINGER. Die Scheiße als Teil des natürlichen Prozesses von Nähren und Verdauen, Werden und Vergehen hat ihren Platz im System, genau wie alles andere. Die Scheiße mit Negativem gleichzusetzen missachtet ihre wichtige Aufgabe.

CHARITY. Es tut mir leid. Ich werde in Zukunft von solchen Fehlbezeichnungen Abstand nehmen.

(Möhringer guckt auf das Buch.)

MÖHRINGER. Ach, das ist ja mein Buch!

CHARITY. Oh, du bist Professor Möhringer? Das ist der glücklichste Tag meines Lebens!

MÖHRINGER. Nein, es ist der glücklichste Tag MEINES Lebens! Es gibt mir unendlich viel, zu sehen, dass meine Bücher noch gelesen werden. Dieses hier ist ja schon etwas älter. Es gäbe so viel Klügeres, was du lesen könntest, aber du liest ausgerechnet mein veraltetes, bescheidenes Werk.

CHARITY. Es ist großartig. So klug konstruiert. Dein Argumentationsaufbau ist dermaßen brillant, dass man als Lesendes eine fast schon erotisch zu nennende Begeisterung für das Urhebende empfindet. Nur muss ich leider zugeben, dass ich mich zum Verfolgen deines Gedankengangs in Kapitel sechs intellektuell zu uninteressant fühle.

MÖHRINGER. Eine mögliche intellektuelle Uninteressantheit deiner Person liegt fern meiner Vorstellungskraft. Wenn du meine Ausführungen in Kapitel sechs nicht verstehst, kann das nur bedeuten, dass ich die Herausforderung, den Sachverhalt klar und deutlich darzustellen, nicht zufriedenstellend gelöst habe. Ich werde die Auflage sofort zurückziehen lassen und das Kapitel sechs noch mal überarbeiten. Danke, dass du mich auf meinen Fehler hingewiesen hast. *(Pause.)* Ah, ich glaube, ich empfinde eine so große Dankbarkeit, dass ich das Ereignis gerne in meinem Dankbarkeits-Tagebuch festhalten möchte. *(Es zieht ein Heft aus der Tasche und macht Notizen.)*

CHARITY. Ich möchte diese Begegnung eigentlich auch in mein Dankbarkeits-Tagebuch eintragen. *(Kramt ein Heft vor und macht Notizen. Camille kommt vorbei, stolpert und fällt hin. Möhringer und Charity springen von der Bank und helfen ihm wieder auf die Beine.)*

CAMILLE. Danke.

CHARITY. Bitte.

MÖHRINGER. Dürfen wir dir ein Glas Wasser bringen?

CAMILLE. Vielen Dank, das ist nicht nötig. Ich möchte den Fluss eures angeregten Gesprächs nicht länger mit meinen körperlichen Unzulänglichkeiten stören.

(Geht weiter. Sam tritt ihm in den Weg und bedeutet ihm in Gebärdensprache, stehen zu bleiben. Camille bleibt stehen. Sam räumt etwas Müll vom Weg weg und sagt dabei etwas in Gebärdensprache.)

CAMILLE. Welcher Mensch auch immer das gewesen sein mag, hat es sicher nicht absichtlich getan. Es könnte ihm versehentlich aus der Tasche gefallen sein.

(Sam sagt etwas in Gebärdensprache.)

CAMILLE. Vielen Dank. Das wünsche ich dir auch.

(Sie gehen weiter.)

13

Leslie und Lu. Chris kommt vorbei und bleibt kurz stehen. Starrt auf Lus Hände.

CHRIS *(zu Lu)*. Du hast sehr schöne Hände.

LU. Danke. Und du hast sehr schöne Augen.

CHRIS. Danke. *(Pause. Zu Leslie.)* Und du hast ein unglaublich bezauberndes Lächeln.

LESLIE. Danke. Und du hast … wirklich sehr schöne Augen.

CHRIS. Danke.

(Chris geht weiter.)

LU. Was für ein freundliches, offenes Mensch.

LESLIE. Und so sympathisch.

(Pause.)

LESLIE. Habe ich dir schon mal gesagt, wie sehr ich deine charmante Art, mit Kunden umzugehen, bewundere? Dein Mensch muss mit dir sehr glücklich sein.

LU. Danke, Leslie, aber momentan genieße ich das Alleinsein, um mich weiterzuentwickeln.

LESLIE. Du hast keinen Menschen?

LU. Momentan genieße ich das Alleinsein, um mich weiterzuentwickeln.

(Pause.)

LESLIE. Habe ich dich nicht kürzlich erst mit einem sehr sympathischen, klugen und anziehenden Menschen bei dem Symposium für positive Energie getroffen?

LU. Du meinst Harmony? Ja, wir waren ein halbes Jahr verpartnert. Aber es hat vor einer Woche erkannt, dass wir genug voneinander gelernt haben und es an der Zeit ist, weiterzuziehen. Erst spürten wir eine kleine Uneinigkeit in unseren jeweiligen Bedürfnissen, aber es konnte mich in langen abendlichen Gesprächen von der Richtigkeit seines Empfindens überzeugen. Wir hatten uns einfach emotional auserzählt. *(Pause.)* Ich kann euch gern bei Gelegenheit zusammenbringen, wenn du möchtest. Ich bin mir sicher, dass ihr eine wunderbare sexuelle Kompatibilität aneinander entdecken könntet. Du kannst Harmony so vieles geben. Ich würde ihm diese Erfahrung von ganzem Herzen wünschen.

LESLIE. Danke, Lu. Ich bin mir sicher, dass eure gemeinsame Zeit so glückbringend und erkenntnisreich für es war, dass auch ich als Nachfolgendes davon profitieren würde.

LU. Was hältst du davon, wenn ich euch nächsten Mittwoch zu mir einlade und bekoche?

LESLIE. Das ist eine wunderbare Idee, Lu. Ich wusste gar nicht, dass du ein leidenschaftlich Kochendes bist.

LU. Oh doch, das bin ich! Meine Spezialität ist Wurzelgemüse mit Salbei-Sud an Wildreis.

LESLIE. Nein, das gibts ja gar nicht!

LU. Was?

LESLIE. Das ist mein Lieblingsgericht!

LU. Das freut mich aber, Leslie.

14

Raja flitzt einmal quer durch den Park. Es springt, schlägt Rad, macht Flicflac und prallt gegen Chris.

RAJA. Oh. Verzeihung.

CHRIS. Tut mir leid. *(Pause.)* Hat dir schon mal jemand gesagt, dass du sehr schöne Haare hast?

RAJA. Äh, ja. Danke. *(Pause.)* Und du hast sehr schöne Augen.

CHRIS. Danke.

(Raja schlägt Rad, macht Flicflac, jubelt und verschwindet wieder.)

15

Ulli geht zu Charlies Stand.

ULLI. Einmal den unvergesslichen Sonnenaufgang über der Savanne, bitte.

CHARLIE. Gern. *(Drückt ihm das Essen in die Hand.)* Ich wünsche prächtigen Appetit und eine reibungslose Verdauung.

ULLI. Danke, Charlie.

CHARLIE. Bitte, Ulli.

(Ulli geht.)

16

Luca und Pat auf ihrer Picknickdecke. Sie küssen sich. Luca schiebt seine Hand zwischen Pats Beine, Pat schiebt sie wieder weg.

PAT. Luca. Es tut mir so leid.

LUCA. Aber das macht doch nichts.

PAT. Doch. Meine Verweigerung ist so niederträchtig.

LUCA. Bitte sage nicht so schreckliche Dinge über dich! Ich verstehe sehr gut, dass du zu diesem Schritt noch nicht bereit bist. Eines anderen Menschen Fleisch in sich zu empfangen ist ein einschneidendes Erlebnis, das nicht unbedacht angegangen werden darf.

PAT. Es tut mir so leid. Die Einsicht in deine von der meinen abweichenden Begehrensstruktur lässt mich etwas empfinden, was man vielleicht als Ungerechtigkeit bezeichnen könnte.

LUCA. Aber daran ist doch nichts ungerecht. Die Andersartigkeit meiner Anatomie und meiner Bedürfnisse ist nicht zwingend etwas uns Trennendes.

PAT. Ich möchte nicht, dass du … dass du …

LUCA. Du kannst es mir sagen. Du kannst mir doch alles sagen.

PAT. Ich wage nicht, es auszusprechen.

LUCA. Nur Mut.

PAT. Na, ich möchte nicht, dass du … leidest.

LUCA. Pat. Bitte hör auf, solche Worte zu benutzen. Meine Liebe zu dir ist ein ewiger Quell der Freude, und das Verlangen nach einem In-dich-Eindringen ihre Veredelung im Physischen. Pat. Ich bin mit mir und meinem Körper im Reinen. Ich bin selbst in der Lage, mir Entspannung zu verschaffen, falls mich die erregende Aussicht einer Verschmelzung mit dir zu stark aus dem Gleichgewicht brächte. Außer natürlich, es wäre dir …

PAT. Was?

LUCA. Unangenehm.

PAT. Unangenehm? Nun fang du bitte nicht an, solche Worte zu benutzen, Luca. Es wäre mir, ganz im Gegenteil, eine Ehre und ein Vergnügen, dir dabei zuzusehen, wie du dich aus Rücksicht auf mein Noch-nicht-so-weit-Sein mit Selbstbeglückung bescheidest.

LUCA. Pat. Ich liebe dich.

PAT. Und ich liebe dich.

(Luca masturbiert, Pat streichelt dabei sanft seinen Rücken. Camille kommt langsam an einem Stock des Wegs, bleibt stehen und sieht interessiert zu. Luca hat eine Ejakulation, Camille tritt heran und reicht ihm ein Taschentuch.)

LUCA. Danke, sehr freundlich.

CAMILLE. Bitte. Darf ich?

PAT. Bitte.

LUCA. Gerne.

(Camille setzt sich zu den beiden auf die Decke.)

CAMILLE. Es ist so schön zu sehen, wenn Menschen sich lieben. Ach, ich erinnere mich, wie ich meinen Menschen damals traf. Es war ein großartiges Spezialisiertes für Müllentsorgung, das jeden Donnerstag vor meinem Haus erschien, um die Tonnen zu leeren. Jeden Donnerstag wartete ich auf es, um einen Blick in seine großen, haselnussbraunen Augen zu ergattern, dann ging ich ins Zimmer und schrieb ein Gedicht. Ich bin nämlich ein Lyrisches, müsst ihr wissen. Nach einem Monat stellte ich mich donnerstags neben die gelbe Tonne, erwartete es und rezitierte meine Tetralogie. Es war so erfüllt von meinen Worten, dass es sich, es war der schönste Augenblick meines Lebens, sofort vor Rührung mit mir vereinigte. Es lebte verpartnert mit einem anderen, aber das andere war so warmherzig und klug, dass es die Notwendigkeit einer Veränderung für uns alle erkannte, und so zogen wir zu dritt in ein wunderschönes Haus, nicht weit von hier.

PAT. Das war eine so interessante, emotional mitreißende Geschichte.

LUCA. Danke, dass du uns an deinen Erinnerungen teilhaben ließt.

PAT. Wo ist dein Mensch nun?

CAMILLE. Es hat seine letzte, edle Aufgabe gefunden, anderen, kleineren Lebewesen als Nahrungsgrundlage zu dienen.

PAT. Vermisst du es nicht?

CAMILLE. Aber nein, sag doch nicht solche Worte! Ich danke dem Schicksal, dass ich so viel Lebenszeit an seiner Seite verbringen durfte. Wenn ich euch Kürzerlebende so sehe, dann ist mein Herz voller Freude, denn ich erinnere mich, wie wir damals in diesem Garten saßen. Ich spüre den Kreislauf des Seins und ein allumfassender, existenzieller Frieden erfüllt mich. Eure Liebe nimmt sich den ihr angemessenen Raum, während wir Längerlebenden euch Platz machen. Wir hatten unsere Zeit. Auch für mich ist bald der Moment gekommen. Ich freue mich, dass mir die Genugtuung vergönnt wird, den Kommenden Platz zu machen und ihnen eine gute, heile

Welt zu hinterlassen. Hier. *(Holt ein Foto aus der Tasche und zeigt es.)* Das war es. Das war mein Mensch.

PAT. Ein sehr schönes Mensch. Es hat so warme Augen.

LUCA. Und so ein gütiges Gesicht.

CAMILLE. Nicht wahr? Bin ich nicht das glücklichste Wesen, jemand wie ihm begegnet sein zu dürfen?

(Fabien kommt und verteilt Handzettel.)

CAMILLE. Ein Schauspielendes. Wie schön!

FABIEN. Wir führen heute ein Stück auf. Um achtzehn Uhr, hier auf der Wiese.

LUCA. Großartig!

PAT. Wir kommen!

17

Kim sitzt auf einer Bank mit einem Baby auf dem Arm. Singt leise.

KIM. Spür den Moment in deinen Adern fließt das Blut
Die Sonne und der Regen und der Tau
Die Witterung sie streichelt deine Haut
Das Jetzt umarmt dich wie ein guter Freund
Und lässt dich nie mehr los
Die Gegenwart küsst deine Stirn im Baum singt Schwesterbruder Amsel dir ein Lied
Und alle stimmen ein
Denn groß und überwältigend ist unser Sein
(Alex läuft vorbei, bleibt stehen, betrachtet das Baby.)

ALEX. Das ist aber ein nettes Baby.

KIM. Es hat noch nie geweint.

ALEX. Warum sollte es auch?
(Beide lachen.)

ALEX. Ich wünsche euch einen schönen Tag.

KIM. Den wünschen wir dir auch.
(Kim winkt mit einem Arm des Babys. Alex geht weiter. Kim singt leise weiter.)

18

Sam geht zu Charlies Stand und sagt etwas in Gebärdensprache.

CHARLIE. Verzeih mir, dass ich dich so dreist darauf hinweise, aber du isst momentan eindeutig zu viel grünes Gemüse, Sam. Ich würde dir eher zum entspannten Tag am Meer raten.

(Sam sagt etwas in Gebärdensprache.)

CHARLIE. Versteh mich bitte nicht falsch, Sam, aber hast du schon mal darüber nachgedacht, was dir dein Körper damit sagen will?

(Sam sagt etwas in Gebärdensprache.)

CHARLIE. Sam! Solche Ausdrücke sind bei uns nicht angemessen.

(Sam sagt etwas in Gebärdensprache.)

CHARLIE. Ich mache mir ein wenig Sorgen um dich, Sam. Vielleicht solltest du mal zu Doktor Osho gehen und dir deine Topinambur-Aversion wegsprechen lassen.

(Sam sagt etwas in Gebärdensprache.)

CHARLIE. Ich als dein Ernährungsberatendes, das eine Verantwortung für deine Gesundheit trägt, kann dir dieses Gericht guten Gewissens leider nicht aushändigen. *(Drückt ihm Essen in die Hand.)* Bitte. Einmal den entspannten Tag am Meer. Ich wünsche prächtigen Appetit und reibungslose Verdauung.

(Sam sagt etwas in Gebärdensprache und geht.)

19

Leslie und Lu, die Geschäftsmenschen. Daneben sitzt Kim. Sie packen aus ihren Aktenkoffern hölzerne Lunchboxen und nehmen Gemüsesticks und Brote heraus. Bieten sich gegenseitig von ihrem Lunch an. Pause. Essen.

LU. Ich bin zwar viel länger im Unternehmen als es und habe viel mehr Erfahrung, aber es bringt doch auch Qualitäten mit, an denen es mir mangelt. *(Pause. Essen.)* Ich glaube, es war die richtige Entscheidung, ihm den Posten zu geben. Mich hätte er überfordert. *(Pause. Essen.)* Und außerdem braucht es als kürzerlebendes Familienelter das Geld dringender als ich. Was brauche ich schon? Alles, was über das Grundeinkommen hinausgeht, ist doch sowieso nur sinnloser Luxus, der zu ungesundem Konsum verleitet. Und ehe man es sich versieht, landet man im Hamsterrad der käuflichen Selbstverwirklichung und dreht dort orientierungslos seine Runden.

LESLIE. Ich bewundere die Souveränität, mit der du die Situation meisterst, Lu. Ich glaube, hätte ich meinen Job verloren …

(Kim beugt sich zu Leslie und tippt es auf die Schulter.)

KIM. Verzeihung, dass ich mich so frech einmische, aber wir halten diese Sprache für nicht angemessen.

LESLIE. Oh, das tut mir leid. *(Zu Lu.)* Ich glaube, hätte ich spontan die längst fällige Chance auf eine Neuorientierung erhalten, empfände ich eine kleine Unausgeglichenheit in mir.

LU. Warum? Ein Erlebnis ist nie gut oder schlecht, sondern immer nur gut.

LESLIE. Hä?

KIM. Verzeihung, dass ich mich schon wieder einmische, aber ich glaube, was dein Freund dir sagen will, ist, dass jede Erfahrung uns wachsen lässt.

LU. Genau, danke. Und dass ich nun eine Aufgabe übernehmen darf, die leichter zu bewältigen ist als die letzte, bedeutet weniger Verantwortung, also mehr Entspannung. Die Arbeit am Empfangstisch entspricht mir und meinen inneren Motiven viel besser. Ich rede gern mit Menschen und stelle mich auf neue Gesichter ein.

(Claude kommt.)

CLAUDE. Ein schöner Tag, nicht wahr?

LU/LESLIE. Ein großartiger Tag.

CLAUDE. Liebe Kollegen. Um das Betriebsklima zu verbessern, habe ich ein Supervisor eingeladen. Ich weiß: Unser Betriebsklima ist bereits perfekt. Wir haben neulich erst vom Amt für gelungenes Miteinander ein Perfektionszeugnis mit Prädikat IDEAL erhalten. Aber da …

LU/LESLIE. … nichts so gut ist, dass es nicht noch besser werden könnte …

CLAUDE. … halte ich diese Maßnahme für wichtig und sinnvoll.

LU. Richtig, Claude.

LESLIE. Du als Vorgesetztes hast erneut bewiesen, dass du diese Position zu Recht innehast.

CLAUDE. Aber Leslie. Du weißt doch, dass jeder in meiner Position sein könnte, hätten ihn günstige Kausalketten zur richtigen Zeit an den richtigen Ort geführt.

(Raja flitzt einmal quer durch den Park. Es springt, schlägt Rad, macht Flicflac, jubelt und verschwindet wieder.)

CLAUDE. Also, freut ihr euch?

LESLIE. Und wie!

CLAUDE. Ihr werdet sehen: Meister Moo ist großartig.

LU. Ja. Ich habe nur Wunderbares über es gehört.

LESLIE. Es ist das beste Supervisor, das ich kenne.

(Raja flitzt einmal quer durch den Park. Es springt, schlägt Rad, macht Flicflac, jubelt und verschwindet wieder.)

CLAUDE. Es ist noch Zeit. Kann ich euch ein Wasser bringen?

LESLIE/LU. Danke, gern.

(Claude zum Wasserspender.
Raja flitzt einmal quer durch den Park. Es springt, schlägt Rad, macht Flicflac, jubelt und verschwindet wieder. Kommt gleich wieder zurück, springt in die Luft, lacht. Zappelt mit den Armen.)

RAJA. Mein Arm. Mein Bein. Mein Kopf. Alles geschmeidig, alles biegsam. Mein zweiter Arm. Mein zweites Bein. Meine Hand, mein Fuß, mein Bauch. Mein Zeh, mein Hals. Alles geschmeidig, alles biegsam. *(Springt in die Luft.)* Ich erfreue mich an der Bewegung. *(Springt in die Luft.)* Yeah! *(Springt in die Luft.)* Yeah! *(Springt in die Luft.)* Yeah! *(Verschwindet.)*

(Fabien kommt und gibt Leslie, Lu und Kim Handzettel.)

LU. Ein Schauspielendes!

CLAUDE. Es gibt ein Stück? Da müssen wir unbedingt hin.

FABIEN. Um achtzehn Uhr gleich hier auf der Wiese.

20

Möhringer steht auf und schlägt auf den Gong. Alle stehen auf, formen einen Kreis und zelebrieren die Performance. Dabei summen sie erst Vokale in unterschiedlichen Tonhöhen und machen langsame Tanzbewegungen, die an Eurythmie erinnern können. Dann fassen sie sich an den Händen und laufen langsam im Kreis. Dabei lachen sie. Erst leise, dann lauter und heftiger, bis sie von einem ekstatischen, kollektiven Lachkrampf geschüttelt werden. Abrupt verstummen sie, lassen ihre Hände los und setzen sich wieder auf ihre Plätze.

21

Möhringer steigt auf eine Kiste.

MÖHRINGER. Guten Tag, ihr Lieben. Ich bin Professor Möhringer, Dozierendes für Gemeinsinn an der Empathie-Akademie und Wissen Schaffendes am Institut für die Erforschung der Einfachen Freuden. Gern teile ich die Ergebnisse der neuesten Studien mit euch. *(Mit Mega- oder Mikrofon.)* Glücklich werde, wer die Lust maximiere und die Unlust minimiere. *(Applaus.)* Eine Gesellschaft, die auf Kooperation aufgebaut ist, überlebt länger als eine, die auf Konkurrenzdenken setzt. *(Applaus.)* Der Mensch ist des Menschen Medizin. *(Applaus.)* Das Moralempfinden ist älter als unsere Spezies. *(Applaus.)* Spiegelneuronen! Spiegelneuronen! Und jetzt alle!

ALLE. Spiegelneuronen! Spiegelneuronen!

MÖHRINGER. Die Glücksrendite ist am höchsten, wenn man in einem stabilen sozialen Netzwerk lebt. *(Applaus.)* Vergemeinschafte dich! *(Applaus.)* Alle Praktiken, welche dazu verhelfen, materiell über seine Verhältnisse zu leben, schmälern auf einem endlichen Planeten die Möglichkeiten anderswo oder in der Zukunft lebender Menschen. *(Applaus.)* Ein Ferrari macht nicht lange glücklich – ein Freund schon. *(Applaus.)* Leben heißt lernen. Wer aufhört, besser zu sein, hört bald auf, gut zu sein. *(Applaus.)* Das Glück wohnt nicht im Tresor. *(Applaus. Singt.)* Ja, ja, ja, jetzt wird eng zusammengerückt, wir steigern das Bruttosozialglück. *(Applaus.)* Synchronisiert eure Gehirne! *(Applaus.)* Spiegelneuronen! Spiegelneuronen! Und jetzt alle!

ALLE. Spiegelneuronen! Spiegelneuronen!

MÖHRINGER. Es entspricht nicht der menschlichen Natur, nach Autonomie zu streben und als selbstgenügsame Insel zu existieren. Der Mensch sucht nach Gemeinschaft, Liebe und Nähe. *(Applaus.)* Auch Schimpansen trösten sich gegenseitig. *(Applaus.)* Der Gewinn des anderen ist nicht mein Verlust, sondern das Wohlbefinden des anderen steigert mein eigenes Wohlbefinden. *(Applaus.)* Bleiben wir berührbar, der Mensch ist ein Kuscheltier. *(Applaus.)* Spiegelneuronen! Spiegelneuronen! Und jetzt alle!

ALLE. Spiegelneuronen! Spiegelneuronen!

MÖHRINGER. Positiver Körperkontakt gibt emotionalen Halt. *(Applaus.)* Begrenzt eure Mobilität, denn dadurch gehen soziale Kontakte verloren. *(Applaus.)* Der Blick in ein schönes Gesicht setzt Glückshormone frei. Da wir alle schöne Gesichter haben, machen wir uns mit jedem ausgetauschten Blick gegenseitig glücklich. *(Applaus.)* Berührung ist ein Lebensmittel. *(Applaus.)* Die Kunst der Achtsamkeit kann wie ein Muskel trainiert werden. *(Applaus.)* Ganz entspannt im Hier und Jetzt, Vergangenheit und Zukunft sind Illusionen. *(Applaus.)* Spiegelneuronen! Spiegelneuronen! Und jetzt alle!

ALLE. Spiegelneuronen! Spiegelneuronen!

MÖHRINGER. Ich danke euch für eure Aufmerksamkeit. Habt einen wunderschönen Tag.

(Es steigt von der Kiste, setzt sich abseits und notiert das positive Erlebnis in seinem Dankbarkeits-Tagebuch.)

22

Claude, Lu, Leslie. Meister Moo kommt.

CLAUDE. Darf ich vorstellen: Meister Muh. *(Schreibt an die Flipchart: Meister Muh.)*

MEISTER MOO. Nein, nein, Moo.

CLAUDE. Muh?

MEISTER MOO. MOOOO! *(Geht zur Tafel und berichtigt seinen Namen.)*

CLAUDE. Oh. Verzeihung.

MEISTER MOO. Warum bin ich hier? *(Schweigen.)* Warum bin ich hier?

LU. Weil nichts so gut ist, dass es nicht noch besser werden könnte.

MEISTER MOO. Richtig. Ihr als Firma bewegt euch Tag für Tag in Ritualen und Automatismen. Macht ist immer anfällig für ihren Missbrauch, Hierarchien laden zu Selbstüberschätzung ein. Deshalb ist es für euch besonders wichtig, eure Integrität von Zeit zu Zeit zu überprüfen. Das Band, das euch als Team verbindet, zu stärken. Euer Ego zu zähmen. Euch bewusst zu werden, dass ihr nicht Vorgesetztes und Mitarbeitendes seid, sondern ein pulsierender Organismus der Tatkraft, der das Gute schafft. Versteht ihr meine Worte?

LESLIE/LU/CLAUDE. Ja!

MEISTER MOO. Versteht ihr meine Worte wirklich? Auf einer tieferen Ebene eures Bewusstseins in exakt der existenziellen Sinnhaftigkeit, in der ich sie aussprach?

LESLIE/LU/CLAUDE. Ja!

MEISTER MOO. Gut. Dann spielen wir jetzt. *(Ruft in den Park.)* Wir brauchen noch Mitspieler! Wer möchte?

(Es melden sich drei Leute aus dem Garten: Tony, Camille und Ulli.)

MEISTER MOO. Wunderbar, danke. *(Meister Moo bindet Leslie, Lu und Claude mit einem Strick zu einem Dreierknäuel zusammen. Dann macht er dasselbe mit Tony, Camille und Ulli. Dann gibt er jedem Mitspieler einen Löffel in den Mund und legt ein Ei darauf.)*

MEISTER MOO. So, ihr Lieben. Jede Gruppe hat nun die Aufgabe, Doktor Oshos Praxis da hinten zu erreichen, ohne dass ein Ei runterfällt. Und los!

(Camille murmelt etwas.)

MEISTER MOO. Was ist? Was hast du? *(Nimmt ihm den Löffel aus dem Mund.)*

CAMILLE. Eier?

MEISTER MOO. Pflanzeneier. Was dachtest du denn?

CAMILLE. Man weiß ja nie. Besser ein Mal zu viel als ein Mal zu wenig hinterfragt.

MEISTER MOO. Da hast du ja so recht. Ich danke dir für deine Aufmerksamkeit. Wir alle danken dir für deine Aufmerksamkeit. Jetzt aber los. *(Steckt ihr den Löffel wieder in den Mund.)*

(Die beiden Gruppen setzten sich in Bewegung. Die Gruppe Leslie bewegt sich recht unkoordiniert und verliert schnell alle Eier, während die Kontrollgruppe sehr gut vorankommt und ohne Eierbruch Doktor Oshos Praxis erreicht. Spiel Ende. Ulli jubelt.)

ULLI. Loser! Loser!

(Camille hält ihm den Mund zu.)

MEISTER MOO. Pscht. Es gibt hier keine Gewinner und Verlierer. Wir haben alle gewonnen, und zwar?

BEIDE GRUPPEN. Selbsterkenntnis!

MEISTER MOO. Wir sind jetzt alle reicher, und zwar an?

BEIDE GRUPPEN. Erfahrung!

MEISTER MOO. Genau. Das habt ihr alle ganz wunderbar gemacht, danke. *(Er löst die Stricke.)* Kommen wir nun zur Spielauswertung. Warum hat eine spontan zusammengestellte Gruppe aus Fremden ein besseres Gefühl füreinander entwickelt und Doktor Oshos Praxis ohne Eierbruch erreicht, während Menschen, die seit Jahren zusammenarbeiten und auf Miteinander und Kooperation angewiesen sind, diese Aufgabe weniger zufriedenstellend lösen konnten? *(Schweigen.)* Weil ich da Egoismus spüre. Weil ich unausgesprochene Konkurrenz-Haltungen spüre. Weil ich innere Dissonanzen spüre. *(Entsetzte Stille.)*

LESLIE. Das kann nicht sein.

LU. Das kann nicht sein.

CLAUDE. Das kann nicht sein.

MEISTER MOO. Doktor Osho?

OSHO. Was gibt es, Meister Moo?

MEISTER MOO. Könntest du dich bitte ein bisschen um diese kleine Firma kümmern? Ich glaube, sie braucht das jetzt.

OSHO. Aber natürlich, Moo. Setzt euch. *(Leslie, Lu und Claude setzen sich in Oshos Freiluft-Praxis.)*

MEISTER MOO. Kontrollgruppe: Danke.

ULLI/CAMILLE/TONY. Wir danken dir für diesen wunderbaren Nachmittag.

(Tony holt ein Notizbuch aus der Tasche.)

TONY. Das hat mir so großen Spaß gemacht, dass ich das Ereignis gern in meinem Dankbarkeits-Tagebuch festhalten möchte.

CAMILLE *(holt auch sein Notizbuch heraus).* Ja, ich auch.

ULLI *(holt sein Notizbuch heraus).* Ich auch.

MOO *(holt sein Notizbuch heraus).* Ich auch.

23

Osho, Leslie, Lu und Claude in der Freiluftpraxis.

OSHO. Wie kann ich euch helfen?
(Eva kommt. Alle verstummen. Eva trägt ein rotes Minikleid und zerrissene Strumpfhosen. Ihr Kajal ist tränenverschmiert, ihr langes blondes Haar wirr und ungepflegt. Sie trägt High Heels, an denen ein Absatz abgebrochen ist. Humpelt langsam vorbei. Alle erheben sich, rotten sich zu einem Gesellschaftskörper zusammen und sehen ihr verwundert nach. Die folgenden chorischen Sätze des Gesellschaftskörpers spricht Sam immer in Gebärdensprache mit.)

GESELLSCHAFTSKÖRPER. He, du. *(Keine Reaktion.)* Bitte bring deine Weiblichkeit zum Verschwinden. *(Keine Reaktion. Eva guckt trunken, derangiert, verständnislos. Der Gesellschaftskörper versucht es noch mal in Gebärdensprache, aber Eva reagiert auch darauf nicht. Geht ab. Adam kommt. Auch er ist leicht derangiert, eingerissener Anzug, schiefe Krawatte, verschmiertes Hemd. Er hat einen Aktenkoffer und eine Flasche in der Hand.)*

GESELLSCHAFTSKÖRPER. He du. Bitte bring deine Männlichkeit zum Verschwinden.
(Adam lässt sich auf den Boden fallen, rülpst und stützt den Kopf in die Hände. Trinkt aus seiner Flasche. Der Gesellschaftskörper beobachtet ihn eine Weile ratlos.)

GESELLSCHAFTSKÖRPER. Doktor Osho?
(Doktor Osho löst sich aus dem Gesellschaftskörper und geht auf Adam zu.)

OSHO. Guten Tag. Mein Name ist Doktor Osho. Und was bist du?

(Adam schlägt Oshos Hand weg.)

GESELLSCHAFTSKÖRPER. Ohh.

(Adam holt ein Hühnerbein aus seiner Anzugtasche und fängt an, es zu essen.)

OSHO. Schwesterbruder Charity?

(Charity kommt.)

OSHO. Es beißt ständig in dieses tote Tier.

CHARITY. Professor Möhringer?

(Möhringer kommt. Adam trinkt.)

CHARITY. Es trinkt Gift aus einer großen Flasche! Das ist nicht gut. *(Charity geht zu Adam und versucht, ihm die Flasche wegzunehmen.)*

ADAM. Weg, du blöde Fotze.

MÖHRINGER. Lass es. Es wird dich noch verletzen. Wie heißt es?

CHARITY. Wir wissen es nicht.

GESELLSCHAFTSKÖRPER. Was hat es nur?

(Adam schluchzt.)

CHARITY. Seht nur, es leidet.

ADAM *(schreit)*. Wo ist meine Frau?

(Charity, Osho und der Gesellschaftskörper ziehen fragende Gesichter.)

MÖHRINGER. Es ist krank. Es hat seinen Menschen verloren.

ADAM. Habt ihr meine Frau gesehen? Eva? Blondes Haar, rotes Kleid?

GESELLSCHAFTSKÖRPER. Es war da. Jetzt ist es weg.

ADAM. Weg?

GESELLSCHAFTSKÖRPER. Weg.

(Adam kramt in seinem Koffer, findet eine Schachtel Zigaretten und zündet sich eine an.)

GESELLSCHAFTSKÖRPER. Was macht es nur?

OSHO. Es ist hoch suizidal.

ADAM. Suizidal, ja? *(Bricht in meckerndes Lachen aus. Weint.)* Ich werde sterben. Wir werden alle sterben.

MÖHRINGER. Es weint, weil es Angst davor hat, anderen, kleineren Lebewesen als Nahrungsgrundlage zu dienen.

CHARITY. Aber das ist doch so natürlich.

GESELLSCHAFTSKÖRPER. Was hat es nur?

ADAM. Es? Ich bin ein Mann.

GESELLSCHAFTSKÖRPER. Das Geschlecht ist privat.

(Adam lacht. Dann wird er wütend.)

CHARITY. Es ist sehr wütend.

GESELLSCHAFTSKÖRPER. Warum nur?

OSHO. Interessant finde ich seine unglaubliche Angst, ja Paranoia, vor dem Dienen kleinerer Lebewesen als Nahrungsgrundlage und dem gleichzeitigen Beschleunigen der Herbeiführung dieses Zustands durch lebensverkürzende Maßnahmen wie Giftzufuhr.

MÖHRINGER. Das ist in der Tat ein faszinierendes Paradoxon, Doktor Osho.

CHARITY. Vielleicht erfährt es zu wenig körperliche Zuwendung?

(Osho geht vorsichtig hin und streichelt Adam.)

MÖHRINGER. Vielleicht versagen ihm seine Menschen die Anerkennung?

(Sam sagt etwas in Gebärdensprache.)

GESELLSCHAFTSKÖRPER. Sam. Solche Reden halten wir für nicht angemessen.

OSHO. Natürlich können und müssen wir auch in seinem Fall von einem Menschen sprechen, auch wenn es tatsächlich auf den ersten Blick recht wenig Menschliches an ihm zu entdecken gibt, Sam. *(Sam sagt etwas in Gebärdensprache.)*

CHARITY. Ich finde seinen Anblick unendlich bedrückend.

GESELLSCHAFTSKÖRPER. Ich glaube, ich habe in meinem ganzen Leben noch nie etwas derart Trauriges gesehen.

MÖHRINGER. Es spricht wie ein Mensch, aber es benutzt die alten Worte.

CHARITY. Ich hab eine Idee. *(Charity ab. Kommt mit einem Feuerlöscher zurück und besprüht Adam. Adam schreit. Charity wartet.)*

CHARITY. Das Oxytozin schlägt bei ihm nicht an.

GESELLSCHAFTSKÖRPER. Woran kann das liegen?

OSHO. Vielleicht an der fehlenden Bindung in seiner Kindheit. Es wurde wohl so schwer misshandelt, dass es keine Rezeptoren entwickeln konnte.

CHARITY. Wer macht so was?

GESELLSCHAFTSKÖRPER. Ich kenne keine Sozialgemeinschaft, die so was täte.

MÖHRINGER. Ich habe so was in der Art nur über die Wilden gelesen.

GESELLSCHAFTSKÖRPER. Die Wilden?

MÖHRINGER. Die Wilden. Sie hatten eine grausame Art, mit ihren Kindern umzugehen. So mussten sie bereits mit fünf Jahren fremde Sprachen beherrschen. Man hetzte die Kinder auch gegeneinander auf. Es gab Veranstaltungen, sogenannte Wettbewerbe, in denen mehrere Kinder in einem Raum eingeschlossen wurden und stundenlang Klavier spielen mussten. Das, was am längsten durchhielt, bekam einen Preis, die anderen wurden verhöhnt und nach Hause geschickt.

OSHO. Und das haben die Eltern nicht verhindert?

MÖHRINGER. Die Eltern? Die saßen dabei und klatschten.

GESELLSCHAFTSKÖRPER. Das ist ja schrecklich.

CHARITY. Ich dachte, die Wilden seien längst ausgestorben.

OSHO. Ich versteh das nicht. Wo kommt es her?

GESELLSCHAFTSKÖRPER. Wie heißt du?

ADAM. Adam.

GESELLSCHAFTSKÖRPER. Was ist denn das für ein obszöner Name?

FABIEN. Adam. Wie der erste Mann.

GESELLSCHAFTSKÖRPER. Das Geschlecht ist privat. *(Pause.)* Wo kommst du her?

ADAM. Hab ich vergessen. *(Pause.)* Ich suche meine Frau. Eva.

GESELLSCHAFTSKÖRPER. Eva? Was ist denn das für ein obszöner Name?

FABIEN. Eva. Wie die erste Frau.

GESELLSCHAFTSKÖRPER. Das Geschlecht ist privat. *(Pause.)* Was hat man dir nur angetan?
(Pause.)

ADAM. Kämpfen. Kämpfen. Kämpfen. Ich musste immer kämpfen. Seit ich auf die Welt kam. Das Erste, um das ich kämpfen musste, als ich meinen kleinen Kopf in diese Welt streckte, war die Liebe meiner Mutter, das erkannte ich sofort, als ich ihre Augen sah. Darin sah ich: Dieser Mensch liebt dich nicht. Weil er es nicht kann. Weil er so traurig ist, dass er es nicht kann. Ja, so war es. Ich wurde geschlagen. In der Schule schlug ich andere.

Kleinere. Schwächere. Denn das war die einzige Methode, mit Schmerz umzugehen, die ich je gelernt hatte. Dann war ich erwachsen. Ich zog in den Krieg. Ich tötete andere Menschen, diese Erfahrung hat mich stumpf gemacht. Wieder zu Hause, bekam ich Arbeit. Das Geld reichte gerade so, um mir täglich ein gebratenes Huhn und eine Flasche Schnaps zu kaufen. Eva lernte ich in einer Tanzbar kennen. Um sie zu bekommen, musste ich erst beweisen, dass ich besser war. Besser als alle anderen Männer. Das schaffte ich. Ich schaffte es tatsächlich. Ich! Ha. Kurz ging es uns ganz gut. Dann merkte ich, dass Eva sich veränderte. Ihre Augen wurden traurig. Sie soff sehr viel, viel mehr als ich. Ich schlug sie, denn das war die einzige Methode, mit meinem Schmerz umzugehen, die ich je gelernt hatte. Aus Scham und Trauer soff auch ich mehr. Ich wurde nachlässig und verlor meine Arbeit. Dadurch hatte ich bei ihr als Mann verspielt. Sie verhöhnte mich und drohte, mich zu verlassen. Dann schlug ich sie, denn das war die einzige Methode, mit Schmerz umzugehen, die ich je gelernt hatte. Sie lief fort. Jetzt suche ich sie. Habt ihr sie gesehen? Sie trägt ein rotes Kleid. Wahrscheinlich ist sie besoffen.
(Schockiertes Schweigen.)

ADAM. Mögt ihr Kunst?

GESELLSCHAFTSKÖRPER. Ja!

ADAM. Immer, wenn ich leide, und das passiert fast jeden Tag, lese ich mir selbst was vor. *(Adam holt einen Band Shakespeare aus seinem Koffer und liest:)*

Morgen, und morgen, und dann wieder morgen,
Kriecht so mit kleinem Schritt von Tag zu Tag
Zur letzten Silb' auf unserm Lebensblatt;

Und alle unsre Gestern führten Narr'n
Den Pfad des stäub'gen Tods. – Aus! Kleines Licht! –
Leben ist nur ein wandelnd Schattenbild;
Ein armer Komödiant, der spreizt und knirscht
Sein Stündchen auf der Bühn' und dann nicht mehr
Vernommen wird; ein Märchen ist's, erzählt
Von einem Dummkopf, voller Klang und Wut,
Das nichts bedeutet.

GESELLSCHAFTSKÖRPER. Hä?

ADAM. Shakespeare. Macbeth.

GESELLSCHAFTSKÖRPER. Das ist ja schrecklich.

CHARITY. Da wird einem so sonderbar, dass man sich auf der Stelle zum Wegsprechen anmelden will.

(Adam wühlt weiter in seinem Koffer. Dabei fällt ein Pornoheft heraus. Der Gesellschaftskörper reicht das Heft durch und bestaunt es.)

GESELLSCHAFTSKÖRPER. Es hat Bilder von Großaufnahmen verschiedener Geschlechtsteile dabei.

CHARITY. Warum nur?

MÖHRINGER. Vielleicht ist es so einsam, dass es sie betrachtet, um sich zu trösten.

CHARITY. Das ist so traurig. Können wir ihm nicht helfen?

OSHO. Ich fürchte: Nein. Es hat als Heranwachsendes zu viel sexuelle Abweisung erfahren. Es ist verstört.

GESELLSCHAFTSKÖRPER. Abweisung?

MÖHRINGER. Bei den Wilden herrschte eine gnadenlose erotische Selektion. Es gab sogar Menschen, die ihr ganzes Leben lang nicht geküsst wurden. Weil sie physisch zu uninteressant waren. Oder zu arm.

GESELLSCHAFTSKÖRPER. Ich bin so aufgewühlt, dass ich mich übergeben muss.

MÖHRINGER. Bitte nicht.

OSHO. Möhringer, das erfindest du.

MÖHRINGER. Leider nicht. Ich habe mich eine Zeitlang intensiv mit den Wilden beschäftigt. *(Er klettert auf seine Kiste und greift das Mega- oder Mikrofon.)* Die Wilden trugen diesen Namen nicht umsonst. Es wird von ihnen berichtet, dass sie sich manchmal auf der Straße gegenseitig Messer in die Augen rammten, einfach so zum Spaß.

GESELLSCHAFTSKÖRPER. Oh.

MÖHRINGER. Sie bauten Häuser, in denen sie Geld gegen sexuelle Gefälligkeiten tauschten.

GESELLSCHAFTSKÖRPER. Oh.

MÖHRINGER. Es gab Menschen, die so arm waren, dass sie im Müll nach Nahrung suchen mussten.

GESELLSCHAFTSKÖRPER. Uh.

MÖHRINGER. Die Längerlebenden hausten, fern ihrer Familie und ihrer Freunde, in großen Gebäudekomplexen und lagen dort in Metall-Betten in ihren eigenen Exkrementen.

GESELLSCHAFTSKÖRPER. Uh.

MÖHRINGER. Die Wilden errichteten große Hallen, in denen sie Schweine und Rinder bei lebendigem Leib an Haken hängten und sie verbluten ließen, damit sie sie hinterher aufessen konnten.

GESELLSCHATSKÖRPER. Bäh.

MÖHRINGER. Wenn sie sich entspannen wollten, drängten sie sich in Kellerlöcher und kippten so lange Gift in ihre Körper, bis sie umfielen und sich erbrachen.

GESELLSCHAFTSKÖRPER. Ih.

MÖHRINGER. Viele waren so einsam, dass sie sich kleine, haarige Tiere hielten, die in ihren Betten schliefen.

GESELLSCHAFTSKÖRPER. Ih.

MÖHRINGER. Ja, bei den Wilden war Einsamkeit so normal, dass es sogar Geschäfte gab, in denen man Geschlechtsteile aus Plastik kaufen konnte, um sie sich in die Körperöffnungen zu stecken.

GESELLSCHAFTSKÖRPER. Ih.

MÖHRINGER. Zur Unterhaltung sahen sie Filme, in denen andere Wilde dabei gezeigt wurden, wie sie sich gegenseitig Gewalt antaten. Sie schnitten sich die Köpfe ab und schlitzten sich die Bäuche auf. Und die Wilden, die vor der Leinwand saßen, freuten sich und lachten.

GESELLSCHAFTSKÖRPER. Äh.

MÖHRINGER. Die Wilden waren wahrscheinlich Kannibalen. Die Funde der Überreste ihrer Kultstätten weisen darauf hin, dass sie ein an Holzstücke genageltes Folteropfer anbeteten, von dem sie sich Heil versprachen. In eigens zu seiner Huldigung erbauten Steinhäusern taten sie so, als äßen sie sein Fleisch und tränken sein Blut.

GESELLSCHAFTSKÖRPER. Bäh.

MÖHRINGER. Adam scheint mir ein Exemplar eines Wilden zu sein. Ich verstehe nicht, wie er in unsere Mitte kam.

(Eva kommt zurück.)

ADAM. Eva?

EVA. Adam!

ADAM. Du bist wieder da.

EVA. Ja. Aber ich gehe weg. Weit weg von dir.

ADAM. Warum? Ich liebe dich doch, Eva.

EVA. Du liebst mich?

ADAM. Ja.

EVA. Du liebst mich?

ADAM. Ja, Eva!

EVA. Warum schlägst du mich dann? Hm?

ADAM. Das weißt du ganz genau.

EVA. Ach, das weiß ich also ganz genau. Aha.

ADAM. Du weißt es. Los, sag's.

EVA. Sag du's doch.

ADAM. Weil du unsere Kinder erwürgt und in Blumentöpfen vergraben hast.

EVA. Aha. Deswegen. Ist ja interessant.

ADAM. Ja. Interessant, was?

EVA. Ja. Hochinteressant, mein Lieber. Was glaubst du wohl, warum ich das gemacht hab?

ADAM. Hm. Keine Ahnung. Du sagst es mir eh gleich.

EVA. Ich sag's dir also eh gleich. Aha. Du kommst nicht etwa von allein drauf?

ADAM. Hm. Lass mich mal nachdenken. Hm. Nein.

EVA. Nein?

ADAM. Nein.

EVA. Da klingelt nichts?

ADAM. Wart mal. Hm. Nein.

EVA. Gar nichts?

ADAM. Nein.

EVA. War es vielleicht, weil du meine Schwester vergewaltigt hast?

ADAM. Ach. Hab ich das?

EVA. Schätze mal, schon.

ADAM. Ach, wirklich? So einer bin ich also?

EVA. Genau. So einer bist du.

ADAM. Ist ja'n Ding.

EVA. Ja. Ist'n Ding. Find ich auch.

ADAM. Wie konnt ich nur so werden.

EVA. Frag ich mich auch.

ADAM. Fragst du dich auch, ja?

EVA. Ja. Das frag ich mich. Das frag ich mich wirklich.

ADAM. Das fragst du dich also. Du weißt es nicht zufällig schon?

EVA. Nicht, dass ich wüsste. Nein.

ADAM. Könnte es eventuell daran liegen, dass du für andere Männer gegen Geld die Beine breit gemacht hast?

EVA. Echt? Meinst du?

ADAM. Könnte was damit zu tun haben, ja.

EVA. Komisch.

ADAM. Was?

EVA. Ich kann mich gar nicht daran erinnern, warum ich das gemacht hab.

ADAM. Nee?

EVA. Nee.

ADAM. Meinst du, es fällt dir noch ein?

EVA. Hm. Keine Ahnung.

ADAM. Es fällt dir sicher gleich wieder ein. *(Gibt ihr eine Ohrfeige.)*

EVA. Hm. Nee. Irgendwie nicht.

ADAM. Nicht? *(Gibt ihr eine Ohrfeige.)* Und jetzt?

EVA. Warte …

ADAM. Kommt was? *(Gibt ihr eine Ohrfeige.)*

EVA. Moment … Ich habs gleich …

ADAM. Ja? *(Gibt ihr eine Ohrfeige.)*

EVA. Ah, ja! Ja! Jetzt weiß ich's wieder! Weil du Schlappschwanz nicht genug Geld nach Hause brachtest.

ADAM. Ach so!

EVA. Was sollte ich denn tun, den ganzen Tag? Dich quälen konnte ich nicht, du warst ja weg. Mit den Kindern spielen konnte ich nicht, die waren tot. Einkaufen konnte ich nicht, dafür gabs kein Geld.

ADAM. Oh, du armer kleiner Hase! Du hättst dir ja selbst einen Job suchen können. Aber dazu warst du nicht in der Lage. Weil du zu viel gesoffen hast, um arbeiten zu gehen.

EVA. Und warum hab ich wohl so viel gesoffen? Na? Sag es.

ADAM. Sag du's mir. Komm schon.

EVA. Weil ich jeden Tag nach dem Aufstehen in diese deine kalten Augen sehen musste und dort keine Freude und keine Hoffnung sah, sondern nur Gram und Hass.

ADAM. Diese meine Augen waren voll Gram und Hass, weil ich von klein auf kämpfen musste gegen einen Feind. Einen Feind mit wechselndem Gesicht. Und erkennen musste, dass der Feind auch dein Gesicht trug. *(Weint.)*

EVA. Mein armer, armer Schatz. Nicht weinen, Baby. Mama ist hier. Mama ist doch hier. *(Nimmt Adam in den Arm.)*

ADAM. Ich liebe dich doch, Eva.

EVA. Ich liebe dich doch auch, Adam.

(Adam hält ihr die Flasche hin.)

ADAM. Da. Trink was. Trink.

(Eva trinkt.
Adam hält ihr ein Huhn hin.)

ADAM. Iss was.

(Eva isst.)

EVA. Gib mir eine Zigarette.

(Adam hält ihr Zigaretten hin.)

ADAM. Da. Rauch.

(Eva raucht. Blättert im Pornoheft, isst.)

EVA. Wollen wir ficken?

ADAM. Du willst ganz viele neue Kinder mit mir machen?

EVA. Oh ja. Ich werde die neuen Kinder auch nicht erwürgen und im Blumentopf vergraben. Versprochen.

ADAM. Na, das werden wir ja sehen.

(Sie fangen an, sich auszuziehen und übereinander herzufallen.)

MÖHRINGER. Sie dürfen sich nicht fortpflanzen.

GESELLSCHAFTSKÖRPER. Oh nein!

OSHO. Wenn sie sich fortpflanzen, haben wir ein Problem.

CHARITY. Sie werden ihre Kinder quälen und deformieren, bis sie so kaputt sind wie sie selbst.

OSHO. Und selbst, wenn sie sich nicht fortpflanzten: Was sollen wir mit ihnen tun? Welche Aufgabe können sie in unserer Gemeinschaft übernehmen?

GESELLSCHAFTSKÖRPER. Lassen wir sie Nahrung anbauen, vergiften sie die Pflanzen. Lassen wir sie unsere Kinder hüten, erzählen sie ihnen böse Märchen. Lassen wir sie den Park pflegen, fangen sie die Vögel, drehen ihnen den Hals um und fressen sie. Lassen wir sie singen, singen sie schreckliche Lieder von Leiden, Schmerz, Eifersucht und Gier. Lassen wir sie die Längerlebenden betreuen, schlagen sie sie. Vertrauen wir ihnen die Kürzerlebenden an, zeigen sie ihnen Bilder von Geschlechtsteilen in Großaufnahme. Nein, wir können Adam und Eva nicht in unserer Mitte dulden.

OSHO. Wir müssen sie wegschicken.

CHARITY. Aber wohin? Da draußen gibt es nichts.

(Sam sagt etwas in Gebärdensprache.)

MÖHRINGER. Aber Sam. Wir können sie doch nicht einsperren. So etwas gilt bei uns als nicht angemessen.

(Sam sagt etwas in Gebärdensprache.)

CHARITY. Dann müssen wir ihnen helfen, rechtzeitig ihren Moment zu erleben.

GESELLSCHAFTSKÖRPER. Schau nur, wie sie leiden.

ADAM. Die wollen uns umbringen.

GESELLSCHAFSKÖRPER. Aber nein. Ich will euch erlösen! Ihr seid eine überwundene Stufe.

Ihr seid schon längst ausgestorben. Ihr seid nicht mehr. Lasst los. Bald werdet ihr anderen, kleineren Lebewesen als Nahrungsgrundlage dienen. Das ist schön. Das ist natürlich.

EVA. Ich will nicht sterben!

MÖHRINGER. Es ist nicht schlimm.

OSHO. Schlimm, was ist schon schlimm? Gar nichts ist schlimm.

CHARITY. Du hast die Ehre, den Kommenden Platz zu machen und dem ewigen Kreislauf von Werden und Vergehen zu dienen.

EVA. Nein, bitte nicht!

GESELLSCHAFTSKÖRPER. Wie krank musst du sein, wenn dich das Normale so quält?
(Der Gesellschaftskörper wirft Adam und Eva je eine Tüte über den Kopf und drückt sie zu.
Fabien tritt vor.)

FABIEN. Wie ich sehe, hat euch unser Stück gefallen.

GESELLSCHAFTSKÖRPER. Was?

FABIEN. Unser Stück: »Die Wilden«. Ich habe es selbst geschrieben.

GESELLSCHAFTSKÖRPER. Oh. *(Er reißt Adam und Eva schnell die Tüten vom Kopf.*
Löst sich wieder in Individuen auf. Jemand fängt an zu klatschen. Die anderen fallen ein.

Adam/Conny, Eva/Maxime und Fabien verbeugen sich. Sie bekommen Blumen, Nahrung und Wasser in die Hand gedrückt.)

LUCA. Das war das beste Stück, das ich jemals gesehen habe.

PAT. Und so klug.

KIM. Und so begabte Schauspielende.

TONY. Und so überzeugend.

LESLIE. Großartig.

ULLI. Das war sehr professionell.

MOMO *(holt sein Notizbuch aus der Tasche).* Es war so interessant, dass ich dieses Erlebnis gern in meinem Dankbarkeits-Tagebuch notieren möchte.

CAMILLE *(holt sein Notizbuch aus der Tasche).* Ich auch.

ALEX *(holt sein Notizbuch aus der Tasche).* Ich auch.

CHARITY. Ich hab vor Mitleid fast geweint.

SASCHA. Ihr wart so gut, dass ihr sogar Professor Möhringer verwirrt habt.

MÖHRINGER. Kurz zweifelte ich an meinem gesunden Menschenverstand.

OSHO. Ist es nicht die Aufgabe der Kunst, Zweifel zu säen, auf dass der Rezipient das Gute immer wieder hinterfrage, ob es denn noch das Gute sei, um ihm hinterher umso gefestigter zu folgen?

FABIEN. Das hast du sehr schön gesagt, Doktor Osho.

KAY. Zeigt mal die Requisiten. Wo habt ihr das alles her?

ADAM/CONNY. Aus dem Museum für Früher. Die haben uns dort netterweise weitergeholfen und uns ein paar Exponate geliehen.

LU. Wie gut ihr die Sprache imitiert habt.

JACKIE. Dafür habt ihr sicher lange proben müssen.

EVA/MAXIME. Ja, das mit der Sprache war nicht einfach. Aber irgendwie haben wir sie dann doch in den Kopf bekommen.

ADAM/CONNY. Das ist doch unsere Aufgabe als Schauspielende.

EVA/MAXIME. Es ging darum, die komischen Ausdrücke ganz ernst zu sagen. Sich nicht über die Wilden zu erheben. Sondern zu fühlen, was sie fühlen.

JACKIE. Was für eine wundervolle Berufung. Ihr müsst damit sehr glücklich sein.

24

Camille schlägt auf den Gong. Alle stehen auf, formen einen Kreis und zelebrieren die Performance. Dabei summen sie erst Vokale in unterschiedlichen Tonhöhen und machen langsame Tanzbewegungen, die an Eurythmie erinnern können. Dann fassen sie sich an den Händen und laufen langsam im Kreis. Dabei lachen sie. Erst leise, dann lauter und heftiger, bis sie von einem ekstatischen, kollektiven Lachkrampf geschüttelt werden. Abrupt verstummen sie.

12.10.2014

Nachwort

Mit dem Titel ihres Dramas *Homo Empathicus* ruft Rebekka Kricheldorf einen Menschentypus auf, der auf den ersten Blick uneingeschränkt positiv erscheint: Der empathische, mitfühlende Mensch ist schließlich ein Ideal, das in vielerlei Zusammenhängen beschworen wird. Doch ganz so einfach (und positiv) ist es mit der menschlichen Empathiefähigkeit nicht – wie ja auch das Stück eindrucksvoll zeigt. Es lohnt sich deshalb, ein wenig auszuholen und die Empathie etwas genauer und grundsätzlicher unter die Lupe zu nehmen. Schon die Wortherkunft des Begriffs ist komplex: Der Ausdruck hat in seiner heutigen Bedeutung wohl über das Englische in die deutsche Sprache gefunden und stammt nicht, wie man vermuten könnte, direkt aus dem Altgriechischen. Dort gibt es zwar das Wort *empátheia*, was so viel wie ›heftige Leidenschaft‹ (später auch ›Voreingenommenheit, Gehässigkeit, Feindseligkeit‹) meint, doch das englische Wort *empathy* hat eine gänzlich andere Bedeutung. Es handelt sich dabei um eine gräzisierende Lehnübersetzung, die dazu diente, das (sehr) deutsche Substantiv ›*Einfühlung*‹ zu übertragen.[1]

Auch eine Definition des Phänomens selbst gestaltet sich nicht ganz leicht, denn ›Empathie‹ ist – v.a. in den letzten drei Jahrzehnten – zu einem weitverbreiteten Schlagwort geworden,[2] dem zum Teil sehr unterschiedliche Bedeutun-

1 Vgl. u.a. *Empathy*, in: Shorter Oxford English Dictionary, Oxford 1993. Band 1, S. 808. Das letzte Wort über die Etymologie scheint mir aber noch nicht gesprochen.

2 Die zunehmende Frequenz der Begriffsverwendung lässt sich eindrucksvoll an der Wortverlaufskurve des Digitalen Wörterbuchs

gen zugeschrieben werden. Der niederländische Verhaltensforscher Frans de Waal spricht in seinem 2009 erschienenen Weltbestseller deshalb sogar vom *age of empathy* (›Zeitalter der Empathie‹). Zur Konjunktur des Begriffs hat vor allem eine Entdeckung des italienischen Neurophysiologen Giacomo Rizzolatti Anfang der 90er Jahre beigetragen: Dem Wissenschaftler war aufgefallen, dass es im Hirn von Makaken sogenannte ›Spiegelneuronen‹[3] gibt. Dabei handelt es sich um Nervenzellen, die beim ›Anschauen‹ einer Bewegung, die ein anderer Primat durchführt, das gleiche Aktionsmuster zeigen, als wenn der Makake selbst dieselbe Bewegung aktiv ausgeführt hätte. Dieser Beobachtung schlossen sich weitreichende Vermutungen und Fragen u.a. zur Übertragbarkeit auf den Menschen an: Könnten solche Spiegelneuronen nicht auch wesentlich verantwortlich sein für die menschliche Empathie und damit für die Kooperationsfähigkeit, die für unsere Spezies einen enormen evolutionären Vorteil darstellt? Diese These sieht die Neurowissenschaft heute allerdings mehrheitlich skeptisch[4], zumal mittlerweile allgemein zwischen zwei Formen, nämlich *affektiver* und *kognitiver* Empathie, unterschieden wird: Affektive Empathie meint dabei das Gefühl, das jemand haben kann, wenn er etwa den Schmerz eines anderen unwillkürlich nachempfindet (natürlich ohne dessen Intensität zu erreichen); kognitive Empathie

der deutschen Sprache ablesen; vgl. www.dwds.de/wb/Empathie (Stand: 4.2.2022).

3 Der Begriff taucht auch früh im Drama schon auf, vgl. S. 9.

4 Vgl. dazu etwa Gregory Hickok, *The Myth of Mirror Neurons: The Real Neuroscience of Communication and Cognition*. New York / London 2014.

meint dagegen eine Reaktion auf das Leid (oder das Glück) des anderen, die auch die Fähigkeit einschließt, nicht nur das Gefühl, sondern auch die Gedanken und Absichten des anderen einzuschätzen. Experimente (und unsere Erfahrungen) zeigen, dass diese kognitive Empathie geschult und ausgebaut werden kann.

In Rebekka Kricheldorfs Drama *Homo Empathicus* sehen wir eine Gesellschaft, in der ganz offenbar die maximale kognitive Empathie herrscht: Alle scheinen alle zu verstehen und für alles Verständnis zu haben; nichts soll das Gegenüber verletzen oder in seiner Individualität einschränken. Das führt auf den ersten Blick zu einer egalitären Gesellschaft, die sämtliche Vorurteile und Hierarchien erfolgreich beseitigt zu haben scheint. Genderunterschiede sind vollständig eliminiert, das »Geschlecht ist privat« (S. 58, 60). »Die Sprache hat sich abgeschliffen, [...] hat den Zustand absoluter Neutralität erreicht.«[5] Aus »der Mensch« wurde »das Mensch«[6] – alle tragen ähnliche Kleidung und sind sich unentwegt einig: »Ich auch« ist die Wendung, die die Figuren am meisten bemühen. Selbst die Angst vor dem Tod ist hier aufgehoben in der oft wiederholten euphemistischen Formulierung, man diene nach

5 Mathias Heid, *Eine Wolke aus Empathie*, in: Programmheft zur Uraufführung, Göttingen 2014, S. 13.

6 Aber schon hier schleicht sich – am scheinbar so aufgeklärten Bewusstsein der Figuren vorbei – ein böser Hintersinn ein: ›Das Mensch‹ ist in einigen deutschen Dialekten auch ein abfällig verwendeter Ausdruck, im Bayrischen kann er sogar ›eine schlimme Hure‹ bezeichnen; vgl. www.mittelbayerische.de/nachrichten/der-mensch-oder-das-mensch-20007-art742214.html (Stand: 7.1.2022).

dem Ableben ja »kleineren Lebewesen als Nahrungsgrundlage« (S. 26f., 42). An der eigenen, v.a. körperlichen Optimierung wird auch beständig gearbeitet: Der Imbissverkäufer, der hier »Ernährungsberatendes« heißt, weist seine Kunden auf die für sie individuell angemessene Nahrung hin – und in der öffentlichen Bedürfnisanstalt werden die Hinterlassenschaften mit dem gleichen Ziel der Gesundheitsoptimierung analysiert.

Das Drama scheint sich damit in die lange Tradition der Utopie einzureihen, die im 16. Jahrhundert mit Thomas Morus' berühmtem philosophischen Dialog *De optimo rei publicae statu deque nova insula Utopia* ihren Ausgang nahm. Darin stellte der spätere Lordkanzler eine ideale Gesellschaft vor, die in einem fernen Inselreich auf demokratischen Grundsätzen, Gleichheit, Rationalität und dem Streben nach Bildung basiert. Den Namen für seine fiktive Insel Utopia bildete Morus aus der griechischen Vorsilbe *ou* für ›nicht‹ und dem Substantiv *topos* für ›Ort‹ – »[i]m Engl. ergibt sich aufgrund der identischen Aussprache von *eu* (griech. […] ›gut‹, ›schön‹) und *u* ein Wortspiel, so dass die Konnotation ›schöner/guter Ort‹ hinzutritt«[7]. Der Autor entwarf in seinem Werk also – zumindest aus zeitgenössischer Perspektive – ein Paradies auf Erden. Seine Erzählung war so überzeugend, dass seine Insel gleich einem ganzen Genre, der utopischen Literatur, den Namen gab.

In Rebekka Kricheldorfs Paradies aber gibt es von Anfang

7 *Utopie*, in: *Reallexikon der deutschen Literaturwissenschaft*, Bd. 3, hrsg. von Jan-Dirk Müller, in Gemeinschaft mit Georg Braungart, Harald Fricke, Klaus Grubmüller [u.a.], Berlin /New York 2003, S. 740.

an Risse, auch wenn die Figuren sie nicht bemerken. Das geht schon bei dem der eigentlichen Dramenhandlung vorangestellten Motto los: »Hell is your private creation«, ein Satz des indischen Philosophen Bhagwan, der ab den 1960er Jahren als spiritueller Lehrer weltweit Schlagzeilen machte. An diesem Zitat ist Unterschiedliches bemerkenswert: Zum einen ist damit das erste Wort, das nach dem Figurenverzeichnis fällt, der englische Ausdruck *hell* – was in gewisser Weise auf paratextueller Ebene[8] den Ton setzt und die Gesellschaft, die die Zuschauer bzw. Leser gleich präsentiert bekommen, charakterisiert. Dieses Paradies ist, nimmt man diese Setzung ernst, also eigentlich die Hölle – und dazu noch eine selbstgemachte. Zum anderen lässt auch der Name des hier Zitierten aufhorchen: Bhagwan, der nicht nur viele Anhänger in der westlichen Welt hatte, sondern dessen Glaubensgemeinschaft auch massive Kritik auf sich zog[9], nannte sich am Ende seines Lebens selbst Osho. Damit ist die Verbindung hergestellt zu der zentralen Figur des »Wegsprechenden« im Drama: Dr. Osho hat in der von Kricheldorf gezeichneten Gesellschaft die Aufgabe, die Zweifler zu heilen bzw. sie bei Verirrungen auf

8 Mit *Paratext* bezeichnet der französische Literaturwissenschaftler Gérad Genette (1930–2018) die ›Beitexte‹ eines literarischen Werks, also alle Texte, die nicht unmittelbar zum Haupttext (hier: der eigentliche Dramentext) gehören. Genette schreibt den Paratexten eine rezeptionsleitende Funktion zu; vgl. Gérard Genette, *Paratexte. Das Buch vom Beiwerk des Buches*, Frankfurt 2001.

9 Vgl. zu einigen dieser Vorwürfe, die u.a. sexuellen Missbrauch sowie andere Formen physischer und psychischer Gewalt in der Sekte umfassten: Carsten Holm, *Im Bann des Weißbarts*, in: *Der Spiegel* (2012) H. 22, S. 40–45.

den ›rechten‹ Weg zurückzuführen. Die Namensidentität mit dem umstrittenen indischen Guru lässt sein Wirken dabei mindestens zweifelhaft erscheinen, als letzte Instanz dieser schönen neuen Gesellschaft ist er damit in gewisser Hinsicht ›markiert‹.

Doch auch die Handlung selbst liefert schon früh Hinweise dafür, dass in dieser Gemeinschaft etwas nicht stimmt: So fallen einzelne Figuren immer wieder – v.a. sprachlich – aus der Rolle und müssen zurechtgewiesen werden.[10] Und mit Sam gibt es sogar eine Figur, die bei fast jedem ihrer Auftritte gegen Normen und Werte – wenn auch nur milde – zu verstoßen scheint (vgl. insbesondere S. 54). Es ist eine besondere Form der Ironie, dass ausgerechnet dieser Rebell gegen die verbindlichen Sprachgebote stumm ist. Überhaupt ist es der subtile Humor, der die wahren Verhältnisse entlarvt und auch das Premierenpublikum erreichte: »Spätestens beim Dankbarkeits-Tagebuch bricht das Publikum vor Lachen endgültig zusammen. Immer wieder wollen die Bewohner dieser achtsamen Kuschelwelt ihr Heftchen zücken, um bewegende Gespräche oder Umarmungen festzuhalten.«[11]

Eine drastische Wende erfährt die Handlung dann mit

10 Für das Publikum bzw. die Leser ist vermutlich besonders lustig und entlarvend, wenn Charity von Prof. Möhringer wortreich darauf hingewiesen wird, dass der Ausruf »Scheiße!« nicht in Ordnung sei, denn: »Was kann die Scheiße dafür, dass dir das Buch aus der Hand fiel?« (S. 33).

11 Bettina Fraschke, *Bei den Dauerkuschlern gärt es. Mit einer fulminanten Uraufführung eröffnet der neue Intendant Erich Sidler die Spielzeit am DT in Göttingen*, in: *Hessische/Niedersächsische Allgemeine*, 6.10.2014.

dem vermeintlichen Auftauchen zweier Wilder, die so gar nicht nach den Gesetzen der empathischen neuen Welt handeln. Adam und Eva – die Namen sind natürlich Programm und verweisen auf das zutiefst Menschliche an ihrem ›falschen‹ Handeln – lieben und hassen sich, betonen ihre Sexualität und vergiften sich mit Nikotin und Alkohol, obwohl sie doch Angst vor dem Tod haben. Rasch kommt die Empathie der anderen Figuren bei diesen ›Kreaturen‹ an ihre Grenzen, das Mitgefühl kann sich nur dem Eigenen zuwenden, nicht dem radikal Fremden: Die Reihen zwischen den Figuren schließen sich, sie werden zu einem »Gesellschaftskörper« (S. 56), der als Ganzes die Eindringlinge nur abweisen kann. Schlimmer noch: Gekleidet in die üblichen Euphemismen, beschließt diese so perfekte Gesellschaft, die beiden Andersartigen zu töten. Damit entlarvt sie nicht nur eine prinzipielle dunkle Seite der menschlichen Empathie,[12] sondern der »Gesellschaftskörper« deckt unfreiwillig sein wahres Wesen auf: Die ursprünglich auf Gleichheit, Respekt und Anteilnahme ausgerichtete Gemeinschaft ist letztlich doch eine »Harmonie-Diktatur«[13]. Der Mord an den Außenseitern kann nur

12 Die menschliche Empathie richtet sich immer zuerst an Mitglieder der eigenen Gruppe. Die einfühlenden Empfindungen für Menschen, die nicht zur eigenen Gruppe gehören, sind deutlich herabgesetzt oder sogar völlig ausgeschaltet (vgl. dazu David Eagleman, *Brain. The Story of You*, Edinburgh 2015, v. a. S. 165 f.). Insofern gab es auch in der nationalsozialistischen ›Volksgemeinschaft‹ Empathie – aber eben nicht für Menschen, die als Bedrohung für diese konstruiert wurden.

13 Günter Schäfer; *Homo Empathicus – Empathie oder Empathitis – das ist hier die Frage*, in: *Göttinger Stadtinfo*, 6. 10. 2014, goest.de/homo_empathicus.htm (Stand: 4. 2. 2022).

verhindert werden, weil deren Auftritt als Spiel im Spiel enthüllt wird. Es ist bezeichnenderweise Osho, der versucht, die Lehre aus dieser Aufführung zu ziehen: »Ist es nicht die Aufgabe der Kunst, Zweifel zu säen, auf dass der Rezipient das Gute immer wieder hinterfrage, ob es denn noch das Gute sei, um ihm hinterher umso gefestigter zu folgen?« (S. 70) Einsicht scheint aus diesen Worten zu sprechen, doch wenn man genau hinschaut, erkennt man, dass sich genau diese nicht einstellt: Statt verunsichert zu sein über den Beinahe-Mord, statt die eigene Ideologie daraufhin in Frage zu stellen, will Osho nur zum »Guten«, und das heißt hier: zum Alten, zurückkehren – und das auch noch »gefestigter« als zuvor. Für ihn wird nicht die eigene Gesellschaft entlarvt, sondern die Wilden stellen die Versuchung dar, dem diese in sich gefestigte Gruppe erfolgreich widerstanden hat.

Mit seiner dramatischen Wende zum Schluss vollzieht das Stück gleichsam *in nuce* jene Veränderung nach, die die utopische Literatur seit Beginn des 20. Jahrhunderts kennzeichnet: »Es kommt zu einer Transformation der Tradition. Das positive Ideal der Utopie erscheint als totalitäre Ordnung. Das dystopische Schreckbild, die negative Utopie, rückt das Individuum in den Vordergrund, das sich dem totalitären Übergriff ausgesetzt sieht.«[14]

Utopien, mehr aber noch Dystopien, weisen immer in die Zeit ihrer Entstehung zurück, denn in dieser sind jene Entwicklungen ja bereits angelegt, die schließlich zum Idealbild oder seinem Gegenteil führen. Unschwer sind für Kricheldorfs Stück jene aktuellen Diskurse auszumachen,

14 Reallexikon (s. Anm. 7), S. 741.

die mit dieser ironisch überzeichneten, beinah-mörderischen Gesellschaft radikal zu Ende gedacht werden. Heute treten sie vielleicht noch deutlicher hervor, als das zur Zeit der Entstehung des Stückes in den Jahren 2013/14 der Fall war, denn die Debatten etwa um Gendergerechtigkeit oder um eine vermeintliche oder tatsächliche *cancel culture* haben sich zwischenzeitlich radikal verschärft. Und auch der Selbstoptimierungswahn, der in diesem Stück auf die Spitze getrieben ist, ist vielleicht noch präsenter als vor acht Jahren.[15]

Dass das Drama wesentliche Einsichten vermitteln kann, haben auch die Kritiker der Göttinger Uraufführung 2014 ganz überwiegend so gesehen.[16] Jan Fischer etwa lobte in seiner Besprechung auf *nachtkritik.de*: »Der Text – und das Spiel – funktionieren ganz wunderbar als überaffirmative Parodie auf jene, die mit Hilfe der Sprache als Sprach-

15 Wobei man sich – angesichts der völligen Enthemmung in den sogenannten sozialen Medien und in Zeiten, in denen der Krieg nach Europa zurückgekehrt ist – gerade heute auch ein Stück zum ›homo odium‹ – dem hassenden Menschen – wünschen möchte. – Kricheldorfs Dramentitel spielt im Übrigen auch auf den durch Max Frischs gleichnamigen Roman sprichwörtlich gewordenen *homo faber* an, den ›schaffenden Menschen‹.

16 Regie führte Erich Sidler, die Choreografie entwarf Valenti Rocamora i Torà, das Bühnenbild stammte von Gregor Müller. Dass so viele Figuren im Stück vorhanden sind, verdankt sich einer gemeinsamen Überlegung von Autorin und Regisseur/Intendant: »Uns gefiel die Idee, den Göttingern das gesamte neue Ensemble in einem Stück vorzustellen. Deshalb war es dann meine Aufgabe, eben ein Stück für genau 26 Personen zu schreiben.« (Rebekka Kricheldorf in einem Interview mit Sascha Feuchert vom 7.1.2022)

Szenenbild: Deutsches Theater Göttingen *Homo Empathicus*, 2014. – © Thomas Aurin

macht die Gesellschaft verbessern wollen.«[17] Bettina Fraschke stellte in der *Hessischen/Niedersächsischen Allgemeinen* fest: »Das ist großartig komponiert, toll geschrieben und hat einen hohen Wiedererkennungswert, wie an den Publikumsreaktionen bei der umjubelten Premiere […] abzulesen war.«[18] Und Tobias Becker schreibt im *Spiegel* zur Begründung der Aufnahme des Stückes in die Reihen der besten neuen Dramen des Jahres 2014: »Rebekka Kricheldorf hat den Wunschtraum nach einer politisch korrekten Gesellschaft zu Ende geträumt – und ist in einem Albtraum aufgewacht.«[19]

Doch für das Theaterstück, das bewusst ein grünes (Denk-)Milieu als Form der »Selbstkritik« attackiert, gab es auch negative Reaktionen, wie sich Kricheldorf erinnert, wenngleich sie »auf mehr negative Reaktionen vorbereitet [war], als dann tatsächlich kamen«.[20] Sie führt dazu weiter aus:

> »Ein Kritiker nannte das Stück reaktionär, und vereinzelt waren Zuschauer verärgert, aber beim Gros von Kritik und Publikum kam es gut an. Ich denke, die meisten ha-

17 Jan Fischer, *Homo Empathicus – Mit seiner Uraufführung von Rebekka Kricheldorfs Stück beginnt Erich Sidler in Göttingen programmatisch. Fegefeuer der Euphemismen*, nachtkritik.de/index.php? option=com_content&view=article&id=10071 (Stand: 4. 2. 2022).

18 Fraschke (s. Anm. 11).

19 Anke Dürr, Tobias Becker, Wolfgang Höbel, *Die besten neuen Stücke des Jahres*, www.spiegel.de/kultur/gesellschaft/yael-ronen-common-ground-wolfram-lotz-die-laecherliche-finsternis-a-1010185.html (Stand: 4. 2. 2022).

20 Interview (s. Anm. 16).

ben verstanden, dass das Stück keine plumpe Provokation oder platte Kritik an der *political correctness* sein will, sondern ein Gedankenspiel, ein ›was wäre, wenn‹, *social fiction* auf der Basis von realen gesellschaftlichen Entwicklungen. Alle Fragen, die das Stück behandelt, kann auch ich nicht klar für mich beantworten. Hätte ich sie für mich beantwortet, wäre das Stück eine reine Satire aus der Warte der Bescheidwissenden heraus, und das wäre sehr langweilig. [...] [I]ch glaube allerdings nicht, dass ich das Stück heute noch so geschrieben hätte wie 2014. Die Wirklichkeit hat die Fiktion längst eingeholt; vieles, was damals überspitzt formuliert war, ist jetzt Konsens.«[21]

Über diesen Befund der Autorin darf man allerdings einigermaßen beunruhigt sein.

Sascha Feuchert

21 Ebd.

Zu den Autoren

Rebekka Kricheldorf, geb. 1974 in Freiburg im Breisgau, studierte Romanistik an der Humboldt-Universität zu Berlin und Szenisches Schreiben an der Universität der Künste Berlin. Ihre Theaterstücke wurden an großen deutschsprachigen Bühnen uraufgeführt, darunter das Deutsche Theater Berlin, das Staatstheater Stuttgart, das Theater am Neumark in Zürich und das Theaterhaus Jena, an dem Kricheldorf von 2009 bis 2011 als Hausautorin, Dramaturgin und Mitglied der künstlerischen Leitung tätig war. 2003 wurde sie für *Kriegerfleisch* mit dem Kleist-Förderpreis ausgezeichnet. Gleich mit drei Stücken war sie zu den Mülheimer Theatertagen eingeladen: 2005 mit *Die Ballade vom Nadelbaumkiller*, 2014 mit *Alltag & Ekstase* und 2018 mit *Fräulein Agnes*. 2019 hatte sie die achte Saarbrücker Poetikdozentur für Dramatik inne. Ihr Debütroman *Das Lustprinzip* erschien 2021.

***

Sascha Feuchert, geb. 1971, ist Professor für Neuere deutsche Literatur mit dem Schwerpunkt Holocaust- und Lagerliteratur und ihre Didaktik am Institut für Germanistik an der Justus-Liebig-Universität Gießen.

Inhalt

Eröffnungsinszenierung *Homo Empathicus*, Deutsches Theater Göttingen. Foto: Thomas Aurin, CC BY-SA 3.0

Theater der Gegenwart

Dramentexte preisgekrönter zeitgenössischer Autor*innen in Einzelausgabe – thematisch relevant für eine junge Zielgruppe.

Folgende Bände sind bereits erschienen:

- **Lutz Hübner: Das Herz eines Boxers** (UB 14331)
- **Lutz Hübner / Sarah Nemitz: Abend über Potsdam** (UB 14175)
- **Lutz Hübner / Sarah Nemitz: Furor** (UB 14288)
- **Daniel Kehlmann: Die Reise der Verlorenen** (UB 14553)
- **Rebekka Kricheldorf: Homo Empathicus** (UB 14261)
- **Dea Loher: Unschuld** (UB 14205)
- **Armela Madreiter: südpol.windstill** (UB 14622)
- **Thomas Melle: Bilder von uns** (UB 14203)
- **Ewald Palmetshofer: die unverheiratete** (UB 14285)
- **Bernhard Schlink: 20. Juli. Ein Zeitstück** (UB 14465)
- **Petra Wüllenweber: Netboy** (UB 14401)

Reclam